MIX
Papier aus verantwortungsvollen Quellen
Paper from responsible sources
FSC® C105338

Christoph Wohlmuther

Der EURO Rettungsschirm

Ein detaillierter Einblick in die Konstruktion der EFSF

Diplomica Verlag GmbH

Wohlmuther, Christoph: Der EURO Rettungsschirm: Ein detaillierter Einblick in die Konstruktion der EFSF. Hamburg, Diplomica Verlag GmbH 2013

Buch-ISBN: 978-3-8428-9420-4
PDF-eBook-ISBN: 978-3-8428-4420-9
Druck/Herstellung: Diplomica® Verlag GmbH, Hamburg, 2013

Bibliografische Information der Deutschen Nationalbibliothek:
Die Deutsche Nationalbibliothek verzeichnet diese Publikation in der Deutschen Nationalbibliografie; detaillierte bibliografische Daten sind im Internet über http://dnb.d-nb.de abrufbar.

Das Werk einschließlich aller seiner Teile ist urheberrechtlich geschützt. Jede Verwertung außerhalb der Grenzen des Urheberrechtsgesetzes ist ohne Zustimmung des Verlages unzulässig und strafbar. Dies gilt insbesondere für Vervielfältigungen, Übersetzungen, Mikroverfilmungen und die Einspeicherung und Bearbeitung in elektronischen Systemen.

Die Wiedergabe von Gebrauchsnamen, Handelsnamen, Warenbezeichnungen usw. in diesem Werk berechtigt auch ohne besondere Kennzeichnung nicht zu der Annahme, dass solche Namen im Sinne der Warenzeichen- und Markenschutz-Gesetzgebung als frei zu betrachten wären und daher von jedermann benutzt werden dürften.

Die Informationen in diesem Werk wurden mit Sorgfalt erarbeitet. Dennoch können Fehler nicht vollständig ausgeschlossen werden und die Diplomica Verlag GmbH, die Autoren oder Übersetzer übernehmen keine juristische Verantwortung oder irgendeine Haftung für evtl. verbliebene fehlerhafte Angaben und deren Folgen.

Alle Rechte vorbehalten

© Diplomica Verlag GmbH
Hermannstal 119k, 22119 Hamburg
http://www.diplomica-verlag.de, Hamburg 2013
Printed in Germany

INHALTSVERZEICHNIS

    Abbildungsverzeichnis   II
    Tabellenverzeichnis   III

1. Einleitung 1

    1.1. Problemstellung und Aufbau der Untersuchung 1
    1.2. Ausgangspunkt der Schuldenkrise 3

2. Bonitätskrise der Eurozone 5

    2.1. Der europäische Währungsraum 5
    2.2. Grenzen der öffentlichen Verschuldung 9
    2.3. Ausufernde öffentliche Verschuldung innerhalb der EWU 13
    2.4. Steigende Refinanzierungskosten und deren potentielle Auswirkungen 19

3. Europäischer Stabilitätsmechanismus 24

    3.1. EFSM – institutionelle Ausgestaltung und Funktionsweise 26
    3.2. Die EFSF als Kernelement des Stabilisierungsmechanismus 32
    3.3. Ausblick und Kritik 47

4. Auswirkungen auf Kapitalkosten und Stabilität der EWU 54

    4.1. Zins- und CDS Spreads als Risikoindikatoren 55
    4.2. Analyse der Kapitalmarktsituation 59

5. Conclusio 66

    Literaturverzeichnis 69
    Anhang 73

ABBILDUNGSVERZEICHNIS

Abbildung 1: Fiskale Position der Eurozone 14

Abbildung 2: Zinssätze 10 jähriger Anleihen, Vergleich ausgewählter Länder 19

Abbildung 3: Überblick über Stabilisierungsmaßnahmen 25

Abbildung 4: Interne Organisation EFSF 34

Abbildung 5: Institutionelles Umfeld der EFSF 34

Abbildung 6: Politischer Teilprozess Hilfsansuchen 36

Abbildung 7: Zahlungsströmungen des Kreditabwicklungsprozesses 38

Abbildung 8: Option 1 - teilabgesicherte Emission von Staatsanleihen 45

Abbildung 9: Refinanzierungsbedarf EWU 2009 - 2030 48

Abbildung 10: Rendite auf zehnjährige Anleihen Euro Währungsraum 59

Abbildung 11: Ausgewählte Benchmarkwerte zu deutschen Bundesanleihen - Auswirkungen der Krisenmechanismen 62

Abbildung 12: Renditeaufschläge und Risikoaversion 64

TABELLENVERZEICHNIS

Tabelle 1: Zeitliche Entwicklung des Euro Währungsraumes 6

Tabelle 2 : Klassifikation von Zahlungsstörungen nach Cataquet 22

Tabelle 3: Bisher verwendete Mittel des EFSM - Stand 23.Apr. 2012 30

Tabelle 4: Beitragsschlüssel der EFSF Garantieländer relativ zu EZB Stammkapitalanteil in Prozent 33

1. EINLEITUNG

1.1. Problemstellung und Aufbau der Untersuchung

Die hier vorgelegte Arbeit beschreibt auf allgemeiner Ebene die derzeit vorherrschende Bonitätskrise der Euro Währungszone und die damit zusammenhängenden Stabilisierungsmaßnahmen. Diese wirtschaftspolitischen Maßnahmen haben zum Ziel, die Verwerfungen und die Verunsicherung auf den Finanz- und Refinanzierungsmärkten zu beseitigen. In diesem Zusammenhang ist ausdrücklich darauf hinzuweisen, dass durch die Aktualität dieses Themas gewisse Einschränkungen gelten: Zum einen ist anzumerken, dass die wissenschaftliche Diskussion noch zeitgleich stattfindet und aus diesem Grund vor allem Artikel ausgewählter wissenschaftlicher Journals und dementsprechende Diskussionspapiere zusätzlich herangezogen werden. Des Weiteren ist der Analyserahmen der Arbeit abzugrenzen – dies geschieht durch die Wahl der untersuchten Betrachtungszeiträume innerhalb der Analyse der Zinsspreads.

Innerhalb des ersten Abschnittes der Arbeit werden die Transmissionsmechanismen der Finanzkrise auf die öffentlichen Haushalte der Mitgliedsstaaten der Europäischen Währungsunion und die dadurch steigende öffentliche Verschuldung beschrieben. Nachdem durch die Etablierung der Gemeinschaftswährung wirtschaftspolitische Steuerungsmechanismen wie Zins- und Währungspolitik zugunsten zentraler Institutionen wie der Europäischen Zentralbank aufgegeben werden mussten, blieben eingeschränkte Möglichkeiten zur Beeinflussung der makroökonomischen Wirtschaftsparameter, wie etwa Änderungen des realen Lohnniveaus übrig.

Eine Folgewirkung dieser anwachsenden öffentlichen Verschuldung besteht darin, dass Bonitätsbewertungen einzelner Mitgliedsstaaten der EWU sich zunehmend verschlechterten und die dafür zuständigen internationalen Ratingagenturen weiterhin schlechte Aussichten im Bezug auf die Zahlungs- und Rückzahlungsfähigkeiten prognostizierten. Dies erschwerte den Kapitalmarktzugang durch die sich stetig erhöhenden Refinanzierungskosten. Die Implikationen steigender Refinanzierungskosten und den Grundregeln der Europäischen Währungsunion im Bezug auf Verschuldung schließt dieses erste Kapitel.

Der zweite Teil der Arbeit beschäftigt sich mit der politischen Antwort der Währungsunionsmitglieder. Der neu ins Leben gerufene temporäre Europäische Stabilitätsmechanismus (ESM) wird hier unter ökonomischen Aspekten theoretisch fundiert erläutert und die Funktionalität der beiden Maßnahmenpakete detailliert beschrieben und analysiert. Insbesondere werden der institutionelle Aufbau sowie die Wirkungsweise der primären Phase des ESM, der Europäische Finanzstabilisierungsfazilität genau beleuchtet. Eine zusätzliche ökonomische Analyse und Kritik ist den Erweiterungen der Europäischen Finanzstabilisierungsfazilität, der EFSF hinzuzufügen. Hier wird neben kritischen ökonomischen Abhandlungen im Bezug auf die Funktionalitäten auch auf die vertragsrechtlichen Konsequenzen hingewiesen.

Die Auswirkungen der unterschiedlichen Implementierungsphasen der Europäischen Stabilitätsmechanismen werden empirisch über eine Zinsspreadanalyse untersucht. Refinanzierungskosten einzelner stark von der Bonitätskrise betroffener Länder wie Portugal, Italien, Griechenland und Spanien werden mit den Zinssätzen deutscher Schuldverschreibungen verglichen, um eventuelle „Ankündigungseffekte" auslesen zu können. Zudem können die Auswirkungen auf Refinanzierungskosten in unterschiedliche Kategorien eingeteilt werden, die anschließend dahingehend auf Auswirkungen untersucht werden.

Die Problemstellung der Arbeit ist schließlich, inwiefern sich die bisher erfolgten Implementierungsphasen des Europäischen Stabilitätsmechanismus auf die Stabilität der Europäischen Währungsunion insgesamt und auf die Refinanzierungskosten einzelner stark betroffener Länder der Bonitätskrise auswirken. Innerhalb dieser Fragestellung soll zudem auf den zukünftigen Verlauf der Refinanzierungskosten der Europäischen Währungsunion eingegangen werden, da dieser wesentlich von der Wirksamkeit des ESM beeinflusst wird.

1.2. Ausgangspunkt der Schuldenkrise

Die Bonitätskrise der Eurozone wird vielfach direkt im Zusammenhang mit der ab dem Jahr 2008 von den USA ausgehenden Finanzkrise gesehen. Der Transmissionskanal - und somit die „Ansteckung" der Realwirtschaft - verlief über die Portfolio Zusammensetzung europäischer Geschäfts- und Landesbanken sowie Pensionsfonds. Durch die Veranlagung in „Asset Backed Securities" (ASB), welche durch größtenteils beste Ratings den Veranlagungsregeln der europäischen Pensionsfonds und dem Rendite – Risikoverhältnis der Geldinstitute entsprachen, wurde internationalen Finanzinstituten die Möglichkeit geboten, am boomenden US – Häusermarkt teilzuhaben. Nach der eintretenden Abkühlung des Immobilienmarktes kam es zu einer Vertrauenskrise innerhalb des Bankenmarktes.

Die durch mehrfache Verbriefung erstellten und anschließend am Finanzmarkt gehandelten ASB konnten nicht die nötige Transparenz aufweisen – Banken und Versicherungen entdeckten innerhalb nur weniger Wochen immer häufiger enorme Mengen sogenannter „toxic assets" und hatten dementsprechenden Abschreibungsbedarf auf ihren Bilanzen vorzunehmen. Dies wiederum führte zu einer Illiquidität des Interbankenmarktes. Um eine durch die Bankenkrise ausgelöste Kreditklemme zu verhindern, ergriffen in einer konzertierten geldpolitischen Aktion die amerikanische Notenbank Federal Reserve, die Europäische Zentralbank (EZB) sowie die Bank of Japan die Initiative und versuchten über eine Bereitstellung von Liquidität den Interbankenmarkt zu stützen und das Vertrauen in den illiquiden sekundären Kreditmarkt wiederherzustellen.

Finanzmärkte preisen nach klassischer theoretischer Ansicht primär fundamentale Werte sowie Erwartungen der zukünftigen Entwicklung ein, neuere Ansätze bewerten allerdings die Rolle von konjunkturellen Zyklen, psychologischen Dispositionen der menschlichen Akteure und Trendvariablen als zunehmenden Parameter der Preisentwicklung. Infolge der Krise des US Hypothekenmarktes und des Zusammenbrechens des „Subprime – Segmentes" stellte die US Regierung unterschiedliche Hilfspakete zusammen, um eine weitere Ausbreitung der Krise zu verhindern. Diese Maßnahmenpakete zielten sowohl auf den Immobilienmarkt ab – Beispiele hierfür wären die Teilverstaatlichungen der maßgeblichen Hypothekeninstitute Fannie Mae und Freddie Mac – als auch auf den Kapitalmarkt. Nachdem Finanzinstitute wie „Bear Stearns" von der öffentlichen Hand zumindest indirekt vor einem Bankrott gerettet wurden entschied man sich, das Geldinstitut „Lehman Brothers Inc" nicht zu stützen. Das für viele unerwartete Ende dieses global agierenden Geldinstitutes stellte eine wesentliche Verschärfung der Finanzkrise dar: Nun gerieten weltweit, aber vor allem europäische, in den US Immobilienmarkt investierte Finanzinstitutionen in den Abwärtsstrudel aus einer Kombination von Vertrauensverlust, Abschreibungsbedarf aufgrund nicht bedienbarer Kreditforderungen und daraus resultierendem Kapitalbedarf.

Eine wichtige Implikation der Lehman Pleite war eine allgemeine, sowohl auf ökonomischer wie auch auf politischer Ebene geführte und bis heute andauernde Diskussion, die mit dem englischen Begriff „too big to fail" einhergeht. Seitdem wird auf allen europäischen Ebenen, politisch supranational innerhalb der Gremien und der Organe der Europäischen Union (EU) sowie innerhalb der EZB und ebenso auf nationaler Ebene auf Regierungsebene versucht, den Finanzmarkt und seine Akteure – in diesem Sinne ‚systemrelevante Banken – zu stützen und mit Kapital zu versorgen. Neben diesen teils enormen Ausgaben für Bankenhilfspaketen und Verstaatlichungen mussten oft zeitgleich auch keynesianische realwirtschaftliche Impulse gesetzt werden, da die Kreditklemme und die Verunsicherung zunehmend auch die realwirtschaftlichen Wirtschaftsbereiche betraf. Dies stellte nationale Regierungen der Mitgliedsländer der Europäischen Währungsunion (EWU) zunehmend vor Probleme, die Vorgaben der Verträge von Maastricht zu erfüllen – bis dato nationale Unterschiede innerhalb der EWU verstärkten sich sukzessive.

2. BONITÄTSKRISE DER EUROZONE

2.1. Der europäische Währungsraum

Der Euro stellt als Gemeinschaftswährung von derzeit 17 Mitgliedsstaaten der Europäischen Union (EU) und sechs weiteren europäischen Staaten einen wirtschaftspolitischen Meilenstein innerhalb des Integrationsprozesses von Europa dar.

Erstmals wurde die Idee einer europäischen Zusammenarbeit auf geld- und währungspolitischer Ebene bereits 1970 im sogenannten „Werner Plan" dargelegt, der aber in dieser Form nicht umgesetzt wurde. Weiteren Aufschwung bekam das Projekt einer gemeinsamen Währungspolitik nach der Veröffentlichung des „Delors Berichtes", welcher innerhalb des „Ausschusses zur Prüfung der Wirtschafts- und Währungsunion der Europäischen Gemeinschaft" erstellt und auf der Gipfelkonferenz von Madrid 1989 dem Europäischen Rat vorgelegt wurde.

Der Europäische Rat beschloss 1991 in Maastricht die Erweiterung des Vertrages zur Gründung der Europäischen Gemeinschaft um die „Wirtschafts- und Währungsunion". Der zuvor genannte Delors Bericht definierte zur Erreichung der gemeinsamen Geld- und Währungspolitik einen dreistufigen Implementierungsprozess.[1]

Die Entwicklungsgeschichte des Europäischen Währungssystems und der Gemeinschaftswährung Euro lässt sich schlussendlich anhand einer chronologisch angeordneten Tabelle zusammenfassen:

---

[1] Implementierungsphasen nach dem Delors Bericht - erste Stufe: Vollendung des Binnenmarktes und somit die Umsetzung der vier Grundfreiheiten (freier Warenverkehr §§28,30,34,35 AEUV; Personenfreizügigkeit §§21,45,49 AEUV; Dienstleistungsfreiheit §56 AEUV; freier Kapital- und Zahlungsverkehr §64 AEUV); zweite Stufe: Etablierung des Europäischen Währungsinstitutes und weiterfolgend Gründung der Europäischen Zentralbank EZB (1998); dritte Stufe: Festlegung der Umrechnungskurse und Delegation der geldpolitischen Agenden an die supranationale EZB.

Jahr	Ereignis
1970	Werner Plan zur Errichtung einer Währungsunion
1972	Werner Plan gescheitert
1973	Gründung des Europäischen Währungssystems EWS
1.Stufe (1.Juli 1990 - 31. Dezember 1993)	• EU Vertrag von Maastricht (Februar 1992) • Vollendung des EU Binnenmarktes (1. Jänner 1993) • Veränderung der Leitkurse (14.Mai 1993) und Erweiterung der Bandbreiten im EWS (2.August 1993)
2. Stufe (1. Jänner 1994 - 31. Dezember 1998)	• Errichtung des Europäischen Währungsinstituts EWI als Vorläuferinstitut der Europäischen Zentralbank • Gewährung der Unabhängigkeit für alle nationalen Notenbanken • Verbot der Kreditgewährung der Zentralbanken an den Staat • Entscheidung über die Aufnahme von 11 EWU Mitgliedsstaaten (Mai 1998) • Bekanntgabe der Umrechnungskurse der nationalen Währungen zum Euro
3. Stufe (ab 1. Jänner 1999)	• Errichtung der Europäischen Zentralbank (EZB) • Einführung des Euros als Buchgeld • Einheitliche Geld und Währungspolitik in der EWU • Inkrafttreten des EWS II • Aufnahme Griechenlands als zwölften Mitgliedsstaat (1.1.2001) • Einführung des Euro als Bargeld (1.1.2002) • Aufnahme von Slowenien als 13. Mitgliedsland (2007) • Aufnahme von Malta und Zypern (2008) • Aufnahme der Slowakei (2009) • Aufnahme von Estland (2011)

Tabelle 1: Zeitliche Entwicklung des Euro Währungsraumes (Clement/ Terlau 2002 S. 256, eigene Erweiterung)

Makroökonomisch ist also eine allgemeine Konsequenz einer Währungsunion darin zu sehen, dass neben dauerhaft festen nominalen Wechselkursen auch eine einheitliche Zinssteuerung implementiert wird.

Vorteile, die sich die einzelnen Mitgliedsländer einer Währungsunion ausrechnen dürfen sind der Wegfall von Wechselkursunsicherheiten und die dadurch entstehende sichere Berechnungsbasis auf dem gemeinsamen Binnenmarkt, eine durch erhöhte Vergleichsmöglichkeiten resultierende gesteigerte Preistransparenz sowie eine über die nationalen Grenzen hinweg erleichterte und verbilligte Abwicklung von Zahlungsverkehren (vgl. Terlau – 2004, S. 17). Dahingehend entstehen aus einem Zusammenschluss zu einem Währungsgebiet ebenso potentiell nachteilige Konsequenzen auf nationaler Ebene: Zum einen lässt sich eine verminderte wirtschaftspolitische Steuerungsfähigkeit auf nationaler Ebene der Mitgliedsländer ableiten, da neben der Zins- auch die Liquiditätssteuerung entfällt und in einem einheitlichen Währungsraum auch der makroökonomische Ausgleich über Veränderungen des nominalen Wechselkurses nicht möglich ist.(vgl. Weiß - 2010, S. 17)

„Folglich sind Volkswirtschaften eines Anpassungsmechanismus sowohl bei divergierenden konjunkturellen Entwicklungen als auch bei strukturellen Änderungen der Wettbewerbsfähigkeit beraubt. Die Konsequenz ist, dass makroökonomischer Anpassungsdruck auf Güter- und Arbeitsmärkte verlagert wird und andererseits die sich über Faktor - Preissetzung ergebenden Änderungen der preislichen Wettbewerbsfähigkeit nicht mehr durch Wechselkursanpassungen ausgeglichen werden können". (Weiß - 2010, S. 18 ff.).

Insbesondere vor dem Starten der dritten Phase des Stufenimplementierungsverfahrens fand zu der Fragestellung, ob der zukünftige Euroraum einen optimalen gemeinschaftlichen Währungsraum darstellt und ob die potentiellen Vorteile dem Nachteil der Verringerung der nationalen Kompetenzen auf wirtschaftspolitischer Ebene überwiegen, eine ausgedehnte wissenschaftliche sowie politische Diskussion statt. Issing (2008) wendet die zentralen Ableitungen der „Theorie des optimalen Währungsraumes"[2] auf den Euroraum an und kategorisiert die Kriterien eines optimalen Währungsraumes innerhalb von zwei Dimensionen:

---

[2] Die Theorie des optimalen Währungsraumes und die Ableitung dafür maßgeblicher Kriterien geht auf drei wesentliche Arbeiten unterschiedlicher Autoren zurück: R.A. Mundel – A Theory of Optimum Currency Areas; AER;1961 – darauf aufbauend R.I. Mc Kinnon – Optimum Currency Areas; AER; 1963 und schließlich P.B Kenen mit – The Optimum Currency Area, An Eclectic View in Monetary Problems of the International Economy; 1969

- Zum einen wird anhand dieses theoretischen Ansatzes ein hoher Grad an Anpassungsfähigkeit im Hinblick auf exogene Schocks, wie es beispielsweise ein Rückgang der Weltnachfrage nach Exportgütern darstellen würde, von dem Währungsgebiet eingefordert. Dies ist zum einen durch eine ausgeprägte Preis- Flexibilität auf den Märkten für Güter und Dienstleistungen[3] erreichbar, indem sich hier die Preise zeitnah den Bedingungen der Märkte annähern (vgl. Issing – 2008, S.43).

- Ausgeprägte Flexibilität ist nach dieser Theorie nicht nur auf den Güter- und Dienstleistungsmarkt beschränkt – auch ein weiterer Faktormarkt muss eine gesteigerte Anpassungsfähigkeit aufweisen: Die Arbeitsmärkte der einzelnen Mitgliedsländer der Währungsunion sollten weitgehend liberalisiert und frei von rigiden Bestimmungen sein, da sowohl eine rasche Anpassungsfähigkeit der Lohnstruktur als auch eine hohe Mobilitätsbereitschaft der Arbeitskräfte[4] theoretisch optimal für einen Währungsraum wirken (vgl. Issing – 2008, S.43 ff.)

Zusammenfassend kann von diesen Kriterien abgeleitet werden, dass, „je mehr das Preissystem im weitesten Sinne die Anpassungen übernehmen kann, desto weniger fällt der Verzicht auf die nationalen Instrumente Wechselkurs und Geldpolitik ins Gewicht, desto größer wird der Vorteil der Nutzung eines einheitlichen Geldes – größere Homogenität in der Produktionsstruktur und in den Präferenzen der Konsumenten reduziert die Wahrscheinlichkeit asymmetrischer Schocks" (Issing – 2008, S. 43). Bei gegebener Flexibilität und Anpassungsfähigkeit der zuvor beschriebenen Faktormarktkomponenten steigt demzufolge nach Corden[5] (1972) der vorteilbringende Nutzen einer länderübergreifenden Währungsunion mit den bestimmenden variablen Größe und Verflechtung der sich zusammenschließenden Länder.

Ein optimales Währungsgebiet verzeichnet allgemein eine relative hohe Handelsintensität auf dem gemeinsamen Binnenmarkt sowie Anpassungsflexibilität auf den Faktormärkten, die

---

[3] Unterschiedliche Wachstumsraten und somit eine gewollte Konvergenz der Währungsunionsmitglieder kann teils zu unterschiedlichen Preisniveaus führen. Diese (oft als Gefahr aufgefassten) Inflationsdifferenzen innerhalb der EWU können zum Teil über den Balassa – Samuelson Effekt erklärt werden, diese zusammenhängenden Effekte sind aber nicht Teil dieser Arbeit – weiterführend: M. Weiß (2010)
[4] Hier ist anzumerken, dass die ‚Theorie des optimalen Währungsraumes' von US amerikanischen Ökonomen entwickelt wurde - und das US amerikanische Währungssystem sowie Teile des Wirtschaftssystems wie der liberalisierte Arbeitsmarkt als Benchmark dienten – nicht zuletzt deshalb, da der Währungsraum des US Dollars als historisch einzig nachhaltig erfolgreiches Währungssystem hervorgeht – die beiden Kriteriendimensionen sind nicht als exogen, sondern eher als endogen, also vom Prozess selbst abhängig, anzusehen (vgl. Issing 2008)
[5] Diese Aussage fasst einen der Kernpunkte von W.M.Corden – Monetary Integration, Essayes on International Finance, No 93, Princeton zusammen.

gemeinsam dazu führen, dass asymmetrische -in diesem Sinne Volkswirtschaften unterschiedlich stark betreffende- Schocks unwahrscheinlich auftreten. Nationalstaatlich kann schließlich innerhalb der Währungsunion kurz- und mittelfristig nur mit fiskalpolitischen Maßnahmen bzw. staatlichen Transfers auf Schocks, wie sie die Finanzkrise darstellte, geantwortet werden. Diese werden mittels der Konvergenzkriterien, die im Vertrag von Maastricht festgelegt wurden, limitiert (vgl. Terlau – 2004, S. 20 ff.).

2.2. Grenzen der öffentlichen Verschuldung

Der „Vertrag über die Arbeitsweise der Europäischen Union"[6] stellt in Artikel 126 (1) fest, dass „die Mitgliedsstaaten übermäßige öffentliche Defizite vermeiden und „die Kommission die Entwicklung der Haushaltslage und die Höhe des öffentlichen Schuldenstandes in den Mitgliedsstaaten im Hinblick auf die Feststellung schwerwiegender Fehler überwacht. Maßgeblich sind hierfür weiterführend in Punkt (2) aufgezählte Kriterien: „Das Verhältnis des geplanten bzw. tatsächlichen öffentlichen Defizites zum Bruttoinlandsprodukt bis zu einem bestimmten Referenzwert… das Verhältnis des öffentlichen Schuldenstands zum Bruttoinlandsprodukt bis zu einem bestimmten Referenzwert". Ziel dieses Abschnittes der Untersuchung ist es nun, theoretisch die Konvergenzkriterien des Stabilitäts- und Wachstumspaktes im Bezug auf die öffentliche Verschuldung herzuleiten, um in folgenden Kapiteln darauf aufbauend die aktuellen Entwicklungen und Neureglementierungen zu beleuchten.

Dieses Unterkapitel beschäftigt sich folglich mit den Grenzen der öffentlichen Verschuldung. Der öffentliche Sektor ist in jedem Mitgliedstaat anders gegliedert und in sich verschieden – manche Staaten wie Frankreich sind stark zentralistisch, andere wie Belgien stark föderal aufgeteilt. Selbiges gilt für die Steuerhoheit auf den unterschiedlichen Ebenen der Gebietskörperschaften. Staatseinnahmen bestehen zu einem großen Teil aus Steuern und Abgaben. Staatsausgaben können grob in öffentliche Sachausgaben (Auftragsvergabe über Ausschreibungen), Personalausgaben[7], Transferausgaben [8] (Leistungen ohne unmittelbare Gegenleis-

---

[6] Artikel 126 AEUV (ehem. 104 EGV) sowie zur genaueren Bestimmung der Bedingungen und der Referenzwerte angehängtes Protokoll Nummer 12, welches Begriffe definiert und die jeweiligen Werte auf 3 bzw. 60 Prozent festsetzt.

[7] Hier sei nur bemerkt, dass viele Staaten in deren Volkswirtschaft als einer der größten Arbeitgeber, wenn nicht als größter Arbeitgeber auftreten – vor allem dann, wenn man alle Gebietskörperschaften und Verwaltungsebenen aggregiert.

[8] Transferleistungen sind zu unterteilen in Sozialtransfers und Subventionen

tung) und in Infrastrukturausgaben aufgeteilt werden (vgl. Nowotny, Zagler – 2009, S. 120 ff). Beide hier beschriebenen Elemente, Einnahmen sowie auch Ausgaben, sind somit konjunkturabhängig: Auf der Einnahmenseite herrscht bei den erhobenen Steuern oft eine Bindung an das BIP vor, ausgabenseitig ist zwar die Bindung nicht so stark wie auf Seite der Einnahmen ausgeprägt, dennoch sind große Bestandteile der Ausgaben wie die Transferleistungen der Arbeitslosenversicherung, für die der Bund über eine Ausgleichshaftung haftet, stark an die Entwicklung des BIP gebunden.

Die Höhe des Schuldenstandes der öffentlichen Hand bzw. des öffentlichen Sektors einer Volkswirtschaft ist nicht ohne weiteres zu erfassen.[9] Diese bei der Erfassung auftretenden Probleme entstehen schon bei der Abgrenzung des Umfanges des öffentlichen Sektors selbst – oft ist die Erfassung von Schulden der unmittelbar staatsnahen Betriebe nicht vollständig gegeben[10]. Jedenfalls ist die Verschuldung der Gebietskörperschaften des jeweiligen Landes, also jegliche Verwaltungsebenen wie im Falle Österreichs der Bund, die Länder und die Gemeinden zusammenzufassen und zu aggregieren und als öffentlicher Schuldenstand auszuweisen. Nach Nowotny und Zagler 2009, S.487 ff.) existieren zudem drei Arten der öffentlichen Verschuldung:

- Finanzschulden, welche Geldverpflichtungen des öffentlichen Sektors darstellen und die der Mittelbeschaffung zur Finanzierung der Haushaltsabgänge dienen, die aufgrund der Kreditermächtigung über entsprechende parlamentarische Prozesse eingegangen werden und in bestimmten Formen auftreten.

---

[9] Diesbezüglich definiert das zugefügte Protokoll 12 des AEUV Art. 126 als ‚öffentlich': zum Staat, d. h. zum Zentralstaat (Zentralregierung), zu regionalen oder lokalen Gebietskörperschaften oder Sozialversicherungseinrichtungen gehörig, mit Ausnahme von kommerziellen Transaktionen, im Sinne des Europäischen Systems volkswirtschaftlicher Gesamtrechnungen

[10] In Österreich führte die nun von der Eurostat verlangte Miteinbeziehung der Schulden der österreichischen Bundesbahnen Infrastrukturgesellschaft (einzusehen unter: http://epp.eurostat.ec.europa.eu/portal/page/portal/government_finance_statistics/documents/Austria%20-%20Treatment%20of%20the%20debt%20of%20the%20Austrian%20railway.pdf) und anderer zuvor nicht mit einberechneter Schulden zu einem Ansteigen der Staatsschuldenquote, weitere Bereiche des Sozialsystems wie beispielsweise die von den Bundesländern kontrollierten Krankenhausbetriebsgesellschaften werden weiterhin nicht zu den Staatsschulden gezählt – das für Österreich ausgestellte Rating und die damit zusammenhängende Einstufungsklasse wird dadurch aber nicht berührt, da diese Nebenposten (wie auch die Schulden der ASFINAG) von Österreich bei den Ratingprozessen mit ausgewiesen werden (Wiener Zeitung, 31.03.2011)

- Verwaltungsschulden hingegen sind in engem sachlichen Bezug zur laufenden Haushaltsführung stehende Geldverpflichtungen des öffentlichen Sektors (Zahlungsrückstände des öffentlichen Sektors, Verbindlichkeiten aus langfristigen Kaufverträgen)
- Eventualverbindlichkeiten in Form von Gewährleistungen und Haftungen[11]

Um die Grenzen der öffentlichen Verschuldung zu beschreiben, müssen zuerst die oben beschriebenen Staatseinnahmen und Staatsausgaben zueinander in Beziehung gesetzt werden. Dies geschieht über den Begriff des Primärdefizits, welches die Staatsausgaben abzüglich der Staatseinnahmen bezeichnet. Ohne Berücksichtigung der vergangenen Budgetperioden würde diese Kennzahl die Verschuldung des öffentlichen Sektors in einer Periode festsetzen. Wenn man nun die vorhergegangenen Perioden in die Gleichung mit integriert, so erhält man folgende Identität des Nettodefizits:

$$D = B - B_{-1} = iB_{-1} + G - T \qquad (2,1)$$

Das Nettodefizit D ergibt sich entweder aus der Subtraktion von B mit B_{-1}, was der aktuellen Verschuldung minus der bestehenden Verschuldung oder der Veränderung der öffentlichen Schuld gegenüber dem Vorjahr entspricht (B – B_{-1} entspricht daher der Neuverschuldung). Eine weitere Möglichkeit, das Nettodefizit darzustellen entspricht dem zweiten Teil der Gleichung 2,1: Das Nettodefizit entspricht ebenso dem Zinsendienst für die Altschulden iB_{-1} (i gleich dem nominellen Zinssatz) und dem Primärdefizit. Gleichung 2,1 beschreibt somit eine Entwicklung der öffentlichen Schulden über die Zeit und kann somit als dynamische Bewegungsgleichung gesehen werden (vgl. Nowotny, Zagler – 2009, S.490ff).

Schuldenquoten werden häufig auf das nominelle BIP der jeweiligen Volkswirtschaft bezogen, weshalb Nowotny (vgl. Nowotny, Zagler– 2009, S.491) die in 2,1 erhaltene Gleichung in Quoten ausdrückt:

$$d = \frac{1}{1+n} b_{-1} + g - t \qquad (2,2)$$

Die Nettodefizitquote ergibt sich der Identität 2,1 folgend aus der Differenz von Zinsquote und Staatsausgabenquote sowie Zinsquote. Diese Gleichung liefert schon eine wichtige Imp-

---

[11] Dieser Form der öffentlichen (Eventual-) Verschuldung ist durch die Euro Krise der letzen Monate eine besonders große Rolle zugetragen worden: Die Republik Österreich haftet für Beträge in Milliardenhöhe im System des europäischen Rettungsfonds (EFSF) und musste in Folge der Finanzkrise auch den Haftungsrahmen für Bankeneinlagenkapital ausweiten.

likation bezüglich des Zusammenhangs von Wirtschaftswachstum n und der Verschuldungsquote (vgl. Nowotny et al – 2009, S.490)[12].

Aus der Gleichung 2,2 kann somit mit den Annahmen von gleichbleibenden nominellen Zinsen i, einem gegebenen Primärdefizit (g-t) und einem gegebenen nominellen Bruttoinlandsproduktwachstum n die Verschuldung im nächsten Jahr b hergeleitet werden, die maßgeblich von dem Faktor von nominellen Zinsen und nominellen Wirtschaftswachstum abhängt. Bei positiven Zins – Wachstumskombinationen (größer 1) kann die Staatsschuld steigen, obwohl ein Primärüberschuss erwirtschaftet worden ist. Nowotny und Zagler streichen so hervor, dass für die Dynamik der öffentlichen Verschuldung nicht das Verhältnis der Staatseinnahmen und Staatsausgaben über das Primärdefizit ausschlaggebend ist, sondern vielmehr das nominelle Wirtschaftswachstum und die nominellen Zinsen von entscheidender Bedeutung sind.

Aus dieser scheinbar einfachen Gleichung 2,2 können wichtige haushaltpolitische Folgerungen hergeleitet werden. Aufbauend auf der Arbeit von Domar (1944) und der daraus resultierenden Domar Formel lässt sich die Frage beantworten, welche Verschuldungsquote langfristig mit einer bestimmten Nettodefizitquote stabil aufrechterhalten werden kann.
Dies lässt sich auch aus den bisher erläuterten Gleichungen zeigen. Wenn man die unter 2,1 verwendete Gleichung mit dem Bruttoinlandsprodukt dividiert so erhält man das Nettodefizit und die Neuverschuldung jeweils geteilt durch das BIP.

$$b = \frac{1}{1+n} b_{-1} + d \qquad (2,3)$$

Die Festsetzung einer bestimmten Nettodefizitquote bedingt daher eine langfristig stabile Verschuldungsquote (vgl. Nowotny, Zagler – 2009, S.496) und somit:

$$b = b_{-1} \qquad (2,4)$$

---

[12] Zinsen müssen nur für die Schulden der Vorperiode bezahlt werden, sodass der Quotient aus bestehender öffentlicher Schuld aus der Vorperiode und aktuellem BIP um die BIP Wachstumsrate erweitert werden muss. Daraus ist zu schließen, dass bei gestiegenem Wirtschaftswachstum n ein höheres Primärdefizit erwirtschaftet werden kann, ohne dass sich die Verschuldungsquote verschlechtern würde.

Nach Einsetzen einer fixen Nettodefizitquote von 3 Prozent und gleichzeitiger Berücksichtigung von Gleichung 2,4 in Gleichung 2,3 erhält man nach kurzer Umformung einen Wert von 60 % für die Verschuldungsquote, welcher genau den Kriterien des Vertrages von Maastricht entspricht.[13]

Die in der EWU durchgesetzten Defizitkriterien, die gemeinhin in den Konvergenzkriterien festgeschrieben sind, lassen sich somit saldenmechanisch aus dem System Volkswirtschaftlicher Gesamtrechnung herleiten.

Die Entwicklung der beiden wesentlichen Konvergenzkriterien im Hinblick auf öffentliche Verschuldung wird im nächsten Unterkapitel detailliert aufbereitet. Hierbei wird besonders auf zwei wesentliche Kriterien geachtet, die mit der derzeit herrschenden Bonitätskrise des Euro – Währungsraumes zusammenhängen. Im Speziellen sind dies die teils ausufernden Kennzahlen der öffentlichen Verschuldung und das gesteigerte Interesse sowie die zunehmend negativen Ausblicke der Ratingagenturen.

2.3. Ausufernde öffentliche Verschuldung innerhalb der EWU

Im vorherigen Abschnitt wurden die für die Europäische Währungsunion maßgeblichen Konvergenzkriterien im Sinne der Schuldenlast hergeleitet. Dieser Abschnitt geht nun einen Schritt weiter und verbindet diese Richtlinien mit den entsprechenden Daten der einzelnen Länder. Die fiskalischen Maßnahmenpakete und die Bankenrettungsprogramme infolge der Finanzkrise belasteten die öffentlichen Haushalte der EWU schwer.

Um die Situation der Staatsschulden der einzelnen Länder darstellen zu können, wird gezielt auf eine tabellarische bzw. grafische Darstellung gesetzt, da diese eine bessere Übersichtlichkeit gewährleistet. Nach einer allgemeinen graphischen Abbildung der Verschuldungskennzahlen der Eurozone bis in die Gegenwart wird zudem ein Beobachtungszeitraum eingeführt, der konsistent fortgesetzt die Implikationen der Finanzkrise auf die öffentlichen Haushalte zeigt und ebenso die derzeit aktuellsten Daten aus 2011 beinhaltet.

---

[13] Ein weiteres erwähnenswertes Ergebnis dieser den Maastricht Kriterien zugrundeliegenden Formel ist aber ebenso ein angenommenes nominelles BIP Wachstum von 5% bei einer Nettodefizitquote von 3%, einer Verschuldungsquote von 60% sowie konstant gehaltenen Primärdefiziten.

Als Datenquelle dienen die publizierten Werte des Statistischen Amtes der Europäischen Union (EUROSTAT) sowie „Datastream" von Reuters, wobei die zuerst genannte Quelle auch als Entscheidungsgrundlage der Europäischen Kommission dient. Die Anzahl der allgemein beobachteten Länder ist der der aktuellen Anzahl der EWU Mitgliedsstaaten gleichzusetzen.

Um einen ersten Überblick zu erhalten werden nun die entsprechenden Konvergenz - Kennzahlen[14] bzw. die Defizitquote zuerst für das Aggregat Eurozone und anschließend auf einzelstaatlicher Basis für die Jahre 2007 bis 2011 dargestellt [15] und kommentiert:

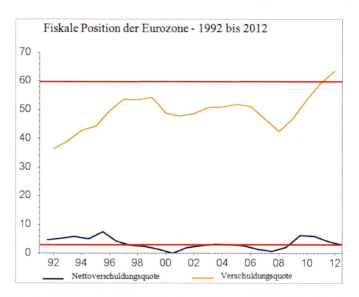

Abbildung 1: Fiskale Position der Eurozone (Datastream - Fathom, EUROSTAT, eigene Erweiterung)

---

[14] EUROSTAT definiert die Konvergenzkennzahlen nach dem 'Government Finance Statistics' Konzept. Das Staatsdefizit bzw. der Finanzierungssaldo besteht aus der Nettoneuzufuhr / Nettoneuverschuldung des Sektors Staat im Verhältnis zum BIP der Definition des Europäischen Systems Volkswirtschaftlicher Gesamtrechnung (ESVG) folgend, bereinigt um Zinsen von Swap Geschäften. Staatsverschuldung wird definiert als die gesamte zusammengefasste Verschuldung zu Nominalwerten nach folgenden Kategorien der Staatsschuld nach ESVG 95: Einlagen sowie Währungseinlagen, Wertpapiere, sonstige Wertpapiere (ausgenommen von Finanzderivaten), Kredite.

[15] Eine entsprechende Tabelle mit allen Jahreswerten sowie einer graphischen Min/Max - Aufbereitung und einer Analyse mittels Durchschnittswerten ist im Anhang einzusehen.

Abbildung 1 zeigt die fiskale Position des Aggregates Eurozone (Abszisse: Jahreswerte, Ordinate: Prozent des aggregierten BIP), jeweils erweitert um die jeweiligen neu hinzugekommenen Mitgliedsländer und den rot eingezeichneten Konvergenzkriterien.
Deutlich erkennbar sind die belastenden Effekte der Finanzkrise auf die Staatshaushalte ab 2008.

Aggregat bzw. Staat / Jahr	2007	2008	2009	2010	2011
EU 17	-0,7	-2,1	-6,4	-6,2	-4,1
Belgien	-0,3	-1,0	-5,6	-3,8	-3,7
Deutschland	0,2	-0,1	-3,2	-4,3	-1,0
Estland	2,4	-2,9	-2,0	0,2	1,0
Irland	0,1	-7,3	-14,0	-31,2	-13,1
Griechenland	-6,5	-9,8	-15,6	-10,3	-9,1
Spanien	1,9	-4,5	-11,2	-9,3	-8,5
Frankreich	-2,7	-3,3	-7,5	-7,1	-5,2
Italien	-1,6	-2,7	-5,4	-4,6	-3,9
Zypern	3,5	0,9	-6,1	-5,3	-6,3
Luxemburg	3,7	3,0	-0,8	-0,9	-0,6
Malta	-2,4	-4,6	-3,8	-3,7	-2,7
Niederlande	0,2	0,5	-5,6	-5,1	-4,7
Österreich	-0,9	-0,9	-4,1	-4,5	-2,6
Portugal	-3,1	-3,6	-10,2	-9,8	-4,2
Slowenien	0,0	-1,9	-6,1	-6,0	-6,4
Slowakei	-1,8	-2,1	-8,0	-7,7	-4,8
Finnland	5,3	4,3	-2,5	-2,5	-0,5

Tabelle 1: Finanzierungssaldo des Staates in % BIP (EUROSTAT 2012)

Tabelle 1 zeigt die Entwicklung der Finanzierungssaldi der Staaten der EWU[16]. Allgemein ist zu erkennen, dass innerhalb des Beobachtungszeitraumes 2007 bis 2011 eine deutlich zunehmende Neuverschuldung der gesamten Eurozone stattgefunden hat, was ebenso an dem Verlauf des Aggregates EU 17 zu erkennen ist. Eine erste Trendumkehr ist auf aggregierter Ebene erst im Jahr 2011 zu erkennen – dies ändert sich aus der Perspektive der einzelnen Mitgliedsländer. Überdurchschnittlich schneidet neben den kleinen Ländern Estland und Luxemburg Finnland ab.
Alle drei Länder weisen während der gesamten Beobachtungsdauer überdurchschnittliche Werte auf. Obwohl alle drei genannten Länder in keinem ausgewählten Jahr gegen den Kon-

---

[16] Eine weitere graphische Aufbereitung der Nettoverschuldungsquote im Bezug auf den 10 jährigen Durchschnitt ist im Anhang einzusehen.

vergenzrichtwert von minus drei Prozent verstoßen, konnte dennoch kein durchgängiger Budgetüberschuss erwirtschaftet werden. Durchgängig unterdurchschnittlich schnitten innerhalb der Eurozone ab 2007 Griechenland, ab 2008 Irland und Spanien, sowie ab 2009 Frankreich, Zypern, die Niederlande, Portugal, Slowenien sowie die Slowakei ab.

Wenn man die einzelnen Jahre 2007 bis 2011 genauer betrachtet ist festzustellen, dass 2007 nur Griechenland und Portugal gegen die im Vertrag von Maastricht ausgestalteten Kriterien verstoßen, wohingegen sich die Situation bis zum Jahr 2011 dramatisch verschlechtert hat. 2009 wies kein Land der Eurozone einen Budgetüberschuss auf, wobei von 17 Mitgliedsstaaten 14 die drei Prozent Hürde unterschritten. Selbstverständlich ist dieser Umstand wesentlich durch das makroökonomische Umfeld beeinflusst sowie durch den konjunkturellen Abschwung verstärkt worden.

Um diese deskriptive Beschreibung der Nettoneuverschuldungsquote abzuschließen, soll noch eine kurze Aufzählung der Werte folgen, die aus Tabelle 1 hervorzuheben sind: die in der Fachliteratur aufgekommene Abkürzung P.I.G.S. für die Ländergruppe um Portugal, Irland, Griechenland und Spanien wird in dieser Studie aufgegriffen und weiter verwendet, diesbezüglich kann ebenso aus Tabelle 1 abgelesen werden, dass gerade diese Länder zusammen mit Zypern und Slowenien im Gegensatz zu allen anderen Ländern keine signifikante Trendumkehr erreichen konnten. Dies stellt ein wichtiges Erkennungsmerkmal von stark von der Schuldenkrise betroffenen Mitgliedsländern dar. Zuletzt sind noch einzelne Zahlenwerte der im geographischen Sinne peripheren Ländergruppe zu nennen: Den mit Abstand negativsten Verlauf der Nettodefizitquote hatte Irland zu verzeichnen, mit einer negativen Quote von 31,2% im Jahr 2010. Dieser Ausreißer ist durch die enormen Kosten der irischen öffentlichen Hand für Banken - Rekapitalisierungen und anderer Haftungserklärungen zu erklären, die im Zuge einer Immobilien– und Bankenkrise in Irland nötig waren. Konsequent negative Nettoverschuldungssalden ergeben sich ebenso für Griechenland mit einer kumulierten Nettoverschuldungsrate von -51,3 % in den Jahren 2007 bis 2011, wohingegen zum Vergleich Finnland einen konsolidierten Überschuss von 4,4% im gleichen Zeitraum erwirtschaftete.

Aggregat bzw. Staat / Jahr	2007	2008	2009	2010	2011
EU 17	66,3	70,1	79,9	85,3	87,2
Belgien	84,1	89,3	95,8	96,0	98,0
Deutschland	65,2	66,7	74,4	83,0	81,2
Estland	3,7	4,5	7,2	6,7	6,0
Irland	24,8	44,2	65,1	92,5	108,2
Griechenland	107,4	113,0	129,4	145,0	165,3

Spanien	36,2	40,2	53,9	61,2	68,5
Frankreich	64,2	68,2	79,2	82,3	85,8
Italien	103,1	105,7	116,0	118,6	120,1
Zypern	58,8	48,9	58,5	61,5	71,6
Luxemburg	6,7	13,7	14,8	19,1	18,2
Ungarn	67,0	73,0	79,8	81,4	80,6
Malta	62,1	62,3	68,1	69,4	72,0
Niederlande	45,3	58,5	60,8	62,9	65,2
Österreich	60,2	63,8	69,5	71,9	72,2
Portugal	68,3	71,6	83,1	93,3	107,8
Slowenien	23,1	21,9	35,3	38,8	47,6
Slowakei	29,6	27,9	35,6	41,1	43,3
Finnland	35,2	33,9	43,5	48,4	48,6

Tabelle 2: Schuldenquote laut EFG Definition in % BIP (EUROSTAT 2012)

Während Tabelle 1 die jeweiligen Nettodefizitquoten im Verhältnis zum jeweiligen Bruttoinlandsprodukt darstellt, zeigt Tabelle 2 das weitere im Bezug auf Staatsverschuldung relevante Konvergenzkriterium – die Schuldenquote. Mit dieser Kennzahl, die im vorherigen Kapitel saldenmechanisch neben der Nettoverschuldungsquote hergeleitet wurde, können erste Feststellungen bezüglich der Situation der jeweiligen Länder abgeleitet werden. Dies ist dahingehend möglich, da allein eine hohe Nettoverschuldungsquote ohne gleichzeitig hoher Schuldenquote zwar die Situation eines Landes und gleichzeitig die Schuldenquote verschlechtert, aber an und für sich nicht schwerwiegend im Sinne der Finanzierbarkeit der Staatsschuld wiegt[17].

Betrachtet man zunächst den allgemeinen Verlauf der Kennzahlen sowie das Aggregat EU 17, dann ist ein (konsistenterweise) analoger Verlauf zu Tabelle 1 zu erkennen – der entscheidende Unterschied liegt folglich im Niveau der Schulden. Schon im Jahr 2007, zu Beginn der Konjunkturabschwunges lag das aggregierte Niveau mit 66,7% über den im Vertag von Maastricht vereinbarten Level - dieser Umstand setzte sich konsistent fort und resultierte schließlich bei einer aggregierten Schuldenquote von 87,2% im Jahr 2011. Aus einzelstaatlicher Sicht konnte kein Mitgliedsstaat, mit der Ausnahme der Slowakei im Zeitraum 2007 – 2008, eine Verbesserung der Schuldenquote erzielen. Innerhalb des Beobachtungszeitraumes

---

[17] Hier ist selbstverständlich auf die ‚Verwendung' der aufgenommenen Finanzmittel hinzuweisen: diese kann von reiner Konsumfinanzierung einerseits bis einer Finanzierung von Infrastrukturprojekten reichen- welche unterschiedliche lang- und kurzfristige Folgen für die wirtschaftliche Entwicklung aufweisen. Eine weiterführende Diskussion und Analyse der Schuldenstände der einzelner Mitgliedsländer wird in dieser Arbeit nicht vorgenommen.

sind somit vor allem Griechenland, Italien, Belgien, Portugal und Irland von einer hohen Staatsverschuldung im Verhältnis zum jeweiligen Bruttoinlandsprodukt betroffen.

Betrachtet man nun den Verlauf der Kennzahlen je Mitgliedsland, so ist innerhalb des Beobachtungszeitraumes unter den „Top 5" der verschuldeten Länder eine bemerkenswerte Persistenz festzustellen: Griechenland und Italien weisen jeweils die beiden höchsten Werte aus, Belgien und Portugal weisen ebenso seit 2007 konsistent hohe Werte aus – die Ausnahme jener Konsistenz zeigt sich in Irland, welches eine Explosion der Schuldenquote von anfänglich (2007) 24,8 auf 108,2% (2011) erlebte.

Fasst man Tabelle 1 und 2 zusammen so ergibt sich, dass eine Kombination von hohen Ausgangswerten der Schuldenquote sowie hohe Nettoverschuldungsraten zu krisenhaften Folgen im Bezug auf die Finanzierbarkeit der Staatsschuld führen können. Mit Ausnahme von Irland hatten alle von der Bonitätskrise des europäischen Währungsraumes betroffenen Volkswirtschaften schon 2007 mit einem relativ hohem Schuldenniveau zu kämpfen.

Neben diesen Faktoren, die sich im Rahmen dieser Untersuchung auf den Maastrichter Vertrag konzentrieren, spielen jedoch noch eine Fülle von weiteren Faktoren eine entscheidende Rolle, um das Risiko einer Zahlungsstörung von öffentlichen Gebietskörperschaften zu bewerten. Diese Risiken werden anhand von Länderrisikoanalysen, die von einer Vielzahl von Finanzinstitutionen durchgeführt werden, evaluiert. Durch historische sowie auch marktgegebene ökonomische Umstände konnten sich ähnlich der Wirtschaftsprüfungsbranche auch in der Branche der Ratings nur wenige Unternehmen durchsetzen – es entstand eine Marktkonzentration. Diese global agierenden Ratingagenturen sind namentlich Standard & Poors, Moody's und FitchRatings. Die Finanzierung von Staaten erfolgt über Kapitalmärkte, wobei von Staaten mit unterschiedlicher Laufzeit begebene Schuldverschreibungen eine entscheidende Rolle spielen. Die Zinsen, die die einzelnen Staaten zu zahlen haben, setzen sich aus unterschiedlichen Komponenten zusammen, wobei der Fokus dieser Studie auf dem Risikoaufschlag liegt, welcher im Vergleich zu jenen jeweils von der Bundesrepublik Deutschland emittierten vergleichbaren Schuldverschreibung zu zahlen ist. Das folgende Kapitel beschäftigt sich nun mit den Auswirkungen der Bonitätskrise auf die Finanzmärkte. Hierzu werden neben einer kurzen Einleitung zu Länderrisiko im Speziellen die Ratings der einzelnen Agenturen herangezogen und die jeweils steigenden Refinanzierungskosten beleuchtet.

2.4. Steigende Refinanzierungskosten und deren potentielle Auswirkungen

Die Bonitätskrise der Eurozone ist gekennzeichnet durch eine sich nach und nach ausweitende Fokussierung auf einzelne Mitgliedsländer der europäischen Währungsunion. Dieser Zusammenhang ist nicht nur an den Protokollen der Sitzungen der entsprechenden EU Gremien abzulesen, sondern ist auch an den steigenden Refinanzierungskosten der einzelnen betroffenen Länder zu erkennen, die aus erhöhten Risikoeinschätzungen von Zahlungsereignissen auftreten. Dieses Charakteristikum der sich differenzierenden Risikoaufschläge ist ein entscheidendes Merkmal der Bonitätskrise der Eurozone.

Seit Einführung der Gemeinschaftswährung war es zu einer konvergenzgleichen Entwicklung der Zinsen für Staatsschuldscheine gekommen, einzelstaatliche Refinanzierungssätze, die das diesbezügliche Länderrisiko anzeigen, konnten durch die Zusammenführung in einen neuen Währungsraum gesenkt werden. Nach dem Beginn der Schuldenkrise entwickeln sich die Refinanzierungssätze wieder unterschiedlich – während Schuldverschreibungen Deutschlands weiterhin von den Finanzmärkten als sicher eingestuft werden, erhöhten sich die Risikoaufschläge anderer Mitgliedsländer erheblich – das Vertrauen der Finanzmärkte in die Integrität der Gemeinschaftswährung schwand und es wurde wieder zunehmend Rücksicht auf einzelstaatliche Risiken genommen - dieser Zusammenhang ist aus Abbildung 2 ablesbar.

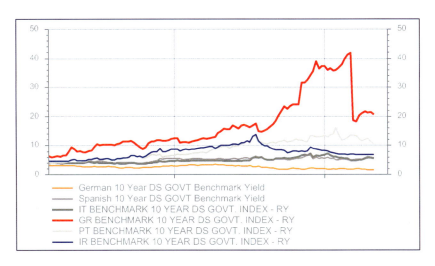

Abbildung 2: Zinssätze 10 jähriger Anleihen, Vergleich ausgewählter Länder (Quelle: Thomson Reuters Datastream)

Maßgebliche Signalwirkung für die divergente Entwicklung haben die auf Länderrisikoanalysen fußenden Ratings der Ratingagenturen. Diese Finanzintermediäre bewerten mittels Länderrisikoevaluationen die Fähigkeit von Volkswirtschaften, ihren vertraglich fixierten Schuldendienst nachzukommen und zeigen dahingehend die Wahrscheinlichkeit einer Zahlungsstörung anhand eines Ratings an. Dieses wird mit einer Kombination aus Buchstaben – abhängig von der jeweiligen Agentur – von bspw. AAA bis D bewertet, wobei man Ratings häufig in die beiden Kategorien „investment grade" und „speculative grade" gruppiert bzw. einteilt. Eine Auflistung der Ratingkombinationen sowie die jeweiligen Bonitätsinterpretationen sind im Anhang einzusehen[18].

Aus ökonomischer Sicht leisten Ratings einen wichtigen Beitrag, die Informationsunsicherheit auf den Finanzmärkten zu verringern.

„Die Marktunsicherheit bei der Analyse der Kreditwürdigkeit eines potentiellen Schuldnerlandes besteht in der Unsicherheit über die tatsächliche Bonität der Länder – es besteht eine Qualitätsunsicherheit im Bezug auf der Bonität des Schuldnerlandes [19]...durch die Veröffentlichung ihrer Rating Urteile können kommerzielle Ratinganbieter zu einer Abnahme der Informationsasymmetrie beitragen, was insbesondere auch einen Rückgang der durch diese Probleme verursachten Agency Probleme erwarten lässt". (Kochalumottil – 2002, S. 30 bzw. S.33). Zusammenfassend ist hier festzustellen, dass Ratingagenturen aus Sicht der neoinstitutionalistischen Finanzierungstheorie als Finanzintermediäre Informationsasymmetrien auf den Finanzmärkten abbauen und dazu beitragen, Unsicherheiten und negative Effekte auf den

---

[18] Die Existenz von Ratingagenturen sowie deren Relevanz für die Finanzmärkte stellt das grundlegende neoklassische Axiom der vollkommenen (Finanz) Märkte in Frage – die neoinstitutionalistische Pricipal- Agent Theorie leistet einen ökonomischen Ansatz über Marktunvollkommenheiten, um die Existenz von Ratingagenturen zu erklären. Beziehungen zwischen Principal und Agent werfen Transaktionskosten auf, die im wesentlichen durch Informationsasymetrien, moral hazard und Unsicherheit charakterisiert sind. Asymetrische Information tritt sowohl vor einer Vertragsbeziehung im Sinne von hidden information (Agent hat Informationsvorsprung ggü. Principal), sowie auch während der Vertragsbeziehung in Form von hidden action (fehlende Möglichkeit, das Verhalten und die Tätigkeiten des Agents zu beobachten) auf – schlussendlich entstehen in dieser Weise Freiräume und Anreize für den Agent, eigennützig zu handeln ohne die Interessen des Pricipal zu berücksichtigen – moral hazard (vgl. Arrow – 1985, S. 39ff). Die Konsequenz des Pricipal Agent Problems angewendet auf Kreditmärkte wäre eine adverse Selektion, die schlussendlich zu einem Marktversagen des Kreditmarktes führen kann (vgl. zusammenfassend Kochalumottil – 2002, S. 30 ff.)

[19] Kochalumottil zitiert hier Nahr (1980) bzw. Krämer- Eis, die beide jeweils die Ergebnisse von Akerlof (1970) im Bezug auf Qualitätsunsicherheit von kompetitiven Märkten auf den Kreditmarkt anwenden indem sie einzelne Entwicklungsländer als potentielle Schuldnerländer gruppieren, die Bonität innerhalb der Gruppe jedoch inhomogen verteilt ist.

Kreditmärkten abzufedern (vgl. Kochalumottil – 2002, S. 29 – 34).

Das zweite Kapitel erläuterte bisher die theoretischen Grundlagen des Europäischen Währungsraumes anhand von mehreren Dimensionen, wie der Theorie des optimalen Währungsraumes oder durch eine Ableitung der dem Währungsraum zugrundeliegenden Konvergenzkriterien. Anschließend wurden die theoretischen Erkenntnisse mit den Kennzahlen der einzelnen Mitgliedsländer zusammengeführt und schlussgefolgert, dass seit dem Übergreifen der Finanzkrise auf die Staatshaushalte von einer ausufernden Verschuldung zu sprechen ist. Weiterfolgend wurden in diesem Unterkapitel bisher die aus der Schuldenkrise resultierenden steigenden Refinanzierungskosten anhand von Abbildungen der dementsprechenden Datensätze dargestellt. Schließlich soll nun noch eine theoretische Abhandlung über die Möglichkeit der Tilgung des vertraglichen Schuldendienstes folgen.

Unter Zuhilfenahme der Volkswirtschaftlichen Gesamtrechnung können Schulden dahingehend durch positive Saldi der einzelnen Teilbilanzen[20] bedient werden. Nach Bäcker (Bäcker – 1998, S.8 ff.) kann die Zahlungsbilanz in ihre Teilbilanzen zerlegt und daraus der vertragliche Schuldendienst (VSD) abgeleitet werden:

$$VSD = PLB + KB + VB + DB + EF \qquad (2,5)$$

Die formale Ableitung des vertraglichen Schuldendienstes zeigt die Möglichkeiten an, um Schulden zu bedienen. Eine Möglichkeit besteht darin, einen positiven Außenbeitrag – einen Überschuss der Leistungsbilanz - zu erwirtschaften[21]. Dieser kann von Regierungen bzw. der jeweiligen öffentlichen Hand auf verschiedene unterschiedliche Arten positiv stimuliert werden. Bei einer ausgelasteten Binnenwirtschaft wäre diesbezüglich der Einsatz von Währungspolitik oder Zollpolitik möglich - ebenso würde auch eine Senkung des inländischen Gesamtverbrauchs über eine Minderung der Staatsausgaben den Außenbeitrag positiv beeinflussen[22]. Weitere über die Saldenmechanik der Volkswirtschaftlichen Gesamtrechnung hergelei-

---

[20] Die Zahlungsbilanz besteht in diesem Zusammenhang aus den Primärüberschüssen der Leistungsbilanz (PLB), aus Vermögensübertragungen (VB), Kapitalimporten (KB) und Devisenreserven (DB).
[21] Der Überschuss des Sozialproduktes über die inländische Absorption stimmt ex post mit dem Außenbeitrag zum Bruttosozialprodukt überein. Die Verwendungsgleichung des Nettosozialprodukt ist definiert als Y=C+I+G-X+M – die inländische Absorption oder der inländische Gesamtverbrauch werden mit Konsum C und Investitionen I mittels der Variablen A ausgedrückt – folglich A=C+I; somit lässt sich nach einer Umformung der Außenbeitrag mittels der Gleichung X-M=Y-A ausdrücken.
[22] Man vergleiche hierzu die Ausführungen in den vorherigen Kapitel sowie die Sanierungsmaßnahmen in den von der Krise betroffenen Ländern.

tete Möglichkeiten den vertraglichen Schuldendienst zu bedienen bestehen in einem Überschuss der Vermögensübertragungsbilanz, einem positiven Saldo der Kapitalbilanz über Kapitalimporte sowie einer positiven Devisenbilanz mittels Währungsreserven. Laut Definition muss die Zahlungsbilanz ausgeglichen sein, wenn dies über die Teilbilanzen der Zahlungsbilanz nicht verwirklicht werden kann, dann muss „exceptional financing" angewendet werden (vgl. Bäcker – 1998, S. 74 ff).„Die in der Praxis häufigsten Formen von ‚exceptional financing' sind Zahlungsrückstände, Zahlungsstundungen und Umschuldungen" (Bäcker – 1998, S. 27).

Cataquet (vgl. Cataquet – 1985, S. 85ff.) unterteilt Zahlungsstörungen, indem er diese anhand ihrer Intensität in einer chronologischen Dimension als temporäre oder permanente Zahlungsstörungen einstuft:

Zahlungsstörungsart	Ausprägung
temporäre Zahlungsstörung (Delays)	<ul><li>Zahlungsrückstände (Arrears)<ul><li>Zinsen</li><li>Tilgung</li></ul></li><li>Umschuldungen ohne Hilfe Dritter<ul><li>Verlängerung der Tilgungszeit (Reamortisation)</li><li>Stundungen (Moratorien)</li></ul></li><li>Umschuldungen mit Hilfe anderer Kreditnehmer (Market Refinancing)</li></ul>
Permanente Zahlungsstörung	<ul><li>Umschuldung mit neuen Darlehen (Fresh Money, Concerted New Lending)</li><li>Umschuldung mit Zinsermäßigung (Interest Reduction)</li><li>Umschuldung mit Schuldenermäßigung (Debt Reduction, Debt Forgiveness)<ul><li>direkt</li><li>indirekt über Marktinstrumente wie Debt Buy Backs, Securitization, Debt Equity Swaps</li></ul></li><li>Zahlungsverweigerung des Schuldners (Repudiation)</li><li>Darlehenskündigung durch Gläubiger und Sicherheitenverwertung (Default)</li></ul>

Tabelle 2 : Klassifikation von Zahlungsstörungen nach Cataquet (1985)

Die dargestellte Liste zeigt unterschiedliche Formen von Zahlungsereignissen, die von privaten Schuldnern wie auch von Gebietskörperschaften wie Staaten im Rahmen von „exceptional financing" angewendet werden können. Viele der aufgezählten Zahlungsereignissen wurden auch im Hinblick auf die Staatsschuldenkrise von Griechenland diskutiert.Im Vergleich zu privaten Schuldnern weist der öffentliche Sektor im Hinblick auf Zahlungsereignissen oder Zahlungsausfällen einen wesentlichen Unterschied auf – dies kann im Rahmen von zwei wesentlichen Faktoren beschrieben werden: Zum einen haben Staaten eine wesentlich längere „Lebensdauer" als private Unternehmen oder Personen, zweitens können Gebietskörperschaften nicht oder nur sehr schwer gepfändet bzw. liquidiert werden[23].

Nachdem nun innerhalb des zweiten Kapitels die theoretischen Grundlagen der EWU aufgearbeitet und diskutiert wurden, stand vor allem auch die fiskalische Situation der EWU insgesamt sowie auch die einzelstaatliche Situation der einzelnen Mitgliedsländer mit dem Fokus der verschuldungstechnischen Konvergenzkriterien im Mittelpunkt – die Ausgangssituation der Bonitätskrise der Europäischen Währungsunion sowie der aktuelle Stand der maßgeblichen Kennzahlen ist somit erschlossen. Innerhalb des nächsten Kapitels wird nun die wirtschaftspolitische Antwort der Eurozone auf die entstandene Unsicherheit bezüglich dem Weiterbestand der Einheitswährung dargeboten – Ziel der folgenden Darstellungen wird es sein, die neu ins Leben gerufenen Maßnahmen auf ihre Funktion und Wirkungsweise hin zu beleuchten und im weiteren Verlauf die Auswirkungen und Effekte auf die Finanzmärkte sowie auf die betroffenen Schuldnerländer zu geben.

---

[23] Ausnahmen sind diesbezüglich dennoch möglich: in der Anfangsphase der Schuldenkrise in Europa wurden immer wieder Kommentare abgegeben, die die territoriale Aufspaltung Griechenlands (Inselverkauf) anregten; ein anderes Beispiel ist die Pfändung eines staatlichen thailändischen Flugzeuges am Münchner Flughafen 2011.

3. EUROPÄISCHER STABILITÄTSMECHANISMUS

Die sich entfaltende Schuldenkrise des europäischen Währungsraumes nahm zuerst ihren Anfang in der ersten Hälfte des Jahres 2010 und betraf vor allem die fiskale Situation des Mitgliedslandes Griechenland – mittlerweile hat sich die Krise aber weiter ausgebreitet und sich über negative Selbstverstärkungs- sowie Ansteckungsprozesse zu einer schwerwiegenden Vertrauenskrise entwickelt. Wie im letzen Kapitel bereits erwähnt, sind die am schwersten von der Krise betroffenen Länder an der geographischen Peripherie Europas zu finden – diese fünf Währungsunionsmitglieder (Portugal, Irland, Italien, Griechenland und Spanien) liefern rund ein Drittel der Wirtschaftsleistung der EWU. Die steigenden Refinanzierungskosten und der zunehmend schlechtere Rating - Grad der öffentlichen Schuldscheinemittenten hat sich negativ auf die Kreditwürdigkeit einer Vielzahl von Banken, die sich im Euroraum engagieren, ausgewirkt, da diese ihre Geschäftstätigkeit mit vermeintlich sicheren Staatsanleihen abgesichert haben. Die daraus resultierende Unsicherheit und Verunsicherung sowie die fiskalischen Einschränkungen durch Sparmaßnahmen ließen schließlich das Wirtschaftswachstum abkühlen – was wiederum negative Auswirkungen auf der Einnahmen und Ausgabenseite der betroffenen Länder hat. Ein Hilfsprogramm für Griechenland wurde bereits im Mai 2010 etabliert, Irland beanspruchte noch im selben Jahr ebenso Unterstützung – Portugal folgte einige Monate später im Frühjahr 2011. Schließlich gerieten noch die großen Volkswirtschaften Spanien und Italien in den Sog der Vertrauenskrise [24] – ablesbar an dem Spreadverlauf der Zinsen für Staatsanleihen – weiter steigender Druck konnte aber durch ein Eingreifen der EZB am Anleihenmarkt vermieden werden (vgl. Sachverständigenrat – 2011, S. 79 ff.).

Nachdem das erste Hilfspaket für Griechenland erstellt und verabschiedet wurde, war bald ersichtlich, dass die Situation dadurch nicht nachhaltig gesichert werden konnte. Schon innerhalb des ersten Griechenland - Unterstützungsprogrammes forderte der Internationale Währungsfonds (IWF) – der zuerst hauptverantwortlich die Abwicklung bertreute - von den Mitgliedsländern der Eurogruppe eine dementsprechende Partizipation. Dahingehend einigten sich die Euro- Mitgliedsländer auf Ebene der Eurogruppe zu der Etablierung eines Rettungsschirmes – der Europäischen Finanzstabilisierungsfazilität (EFSF). Diese stellt den Kern des derzeitig existierenden Europäischen Stabilitätsmechanismus dar. Neben der EFSF besteht noch ein weiteres europäisches Vehikel in Form des EFSM (Europäischer Finanzstabilisierungsmechanismus), dieser Fonds steht der Europäischen Kommission zur Verfügung.

---

[24] Ein exakter Verlauf der Krise im Bezug auf die betroffenen Länder ist aus der chronologischen Abfolge der Sitzungen der unterschiedlichen EU - Gremien abzuleiten – diese ist mit aktuellen Daten im Anhang ausgewiesen.

Ziel dieses Kapitels wird es sein, die Bestandteile der Europäischen Stabilitätsmechanismen im Einzelnen darzustellen. Im Zuge dessen soll speziell auf die institutionelle Aufstellung, die Funktionsweise und auf die geplanten Auswirkungen auf die Finanzmärkte genauer eingegangen werden. Da sich diese Untersuchung mit einer Thematik befasst, die einen höchst aktuellen, sich entwickelnden Prozess beschreibt sind im Besonderen bei der Entwicklung des EFSF auch die aktuellsten Modifikationen zu berücksichtigen.

Nach einer sorgfältigen Darstellung und Analyse der europäischen wirtschaftspolitischen Antwort auf die Schuldenkrise wird ein kurzer Ausblick auf die zukünftige Fälligkeitsstruktur des europäischen Anleihenmarktes gegeben und dementsprechende Schlussfolgerungen abgeleitet. Abschließend werden im Bezug auf den eingeschlagenen wirtschaftspolitischen Weg noch allgemeine Kritik und zudem Problemfelder in Hinsicht auf die vertragliche Durchsetzung und Etablierung des EFSM im Sinne des Gemeinschaftsrechtes aufgeworfen.

Die folgende Abbildung soll das ursprünglich etablierte Stabilisierungsprogramm der EU, das in Folge der Griechenlandkrise entstand, darstellen:

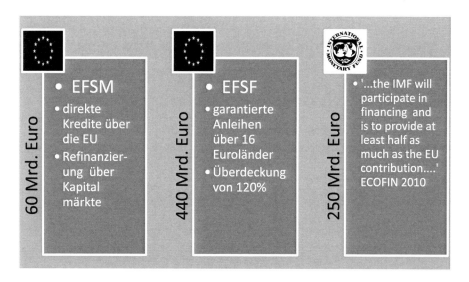

Abbildung 3: Überblick über Stabilisierungsmaßnahmen (Eigenerstellung-IWF, Rat, EFSF 2011)

3.1. EFSM – institutionelle Ausgestaltung und Funktionsweise

Der EFSM ist der erste, vom Umfang her kleinere Teil der europäischen Antwort auf die Bonitätskrise, der neben der EFSF besteht. Er beruht auf einer Verordnung des Rates der Europäischen Union vom 11. Mai 2010 zur Einführung eines europäischen Finanzstabilisierungsmechanismus, gestützt auf den AEUV, mit besonderer Berücksichtigung des Artikels 122 Absatz 2[25] (vgl. Antoniadis – 2010, S. 10 ff.). Die dem EFSM zu Grunde liegende Verordnung führt die allgemeine Begründung in Artikel 122 weiter aus, indem sie die Etablierung des EFSM auf die Auswirkungen und Verwerfungen der Finanzkrise fundiert: „...solche Schwierigkeiten können durch eine ernsthafte Verschlechterung der internationalen Wirtschafts- und Finanzlage verursacht werden. Die beispiellose Weltfinanzkrise und der globale Konjunkturrückgang, die die Welt in den beiden letzten Jahren erschütterten, haben das Wirtschaftswachstum und die Finanzstabilität schwer beeinträchtigt und die Defizit- und Schuldenposition der Mitgliedsstaaten stark verschlechtert. Die Verschärfung der Finanzkrise hat für mehrere Mitgliedsstaaten des Eurogebiets zu einer gravierenden Verschlechterung der Kreditkonditionen geführt, die darüber hinausgeht, was sich durch wirtschaftliche Fundamentaldaten erklären ließe. Wird in dieser Situation nicht umgehend gehandelt, könnten Stabilität, Einheit und Integrität der Europäischen Union ernsthaft bedroht sein" (vgl. Europäische Kommission– 2010, S. 2 ff.). Die Handlungsbegründung – außerordentliche Ereignisse, die sich der Kontrolle des Mitgliedstaates entziehen – sind von Seiten der Kommission regelmäßig im Bezug auf Fortbestand zu evaluieren. Die Hervorhebung der verschlechterten Refinanzierungskosten betrifft in diesem Zusammenhang den Kern der Bonitätskrise[26]. Zudem wird in der Präambel der Verordnung die Unmittelbarkeit und die Dringlichkeit eines vertrauensbildenden Krisenmechanismus bekräftigt, um die „Finanzstabilität" wieder herzustellen. Außerdem wird analog zur EFSF im Hinblick auf die Stabilisierung Griechenlands die gemein-

---

[25] Artikel 122 (2) AEUV: Ist ein Mitgliedstaat aufgrund von Naturkatastrophen oder außergewöhnlichen Ereignissen, die sich seiner Kontrolle entziehen, von Schwierigkeiten betroffen oder von gravierenden Schwierigkeiten ernstlich bedroht, so kann der Rat auf Vorschlag der Kommission beschließen, dem betreffenden Mitgliedstaat unter bestimmten Bedingungen einen finanziellen Beistand der Union zu gewähren. Der Präsident des Rates unterrichtet das Europäische Parlament über den Beschluss.

[26] Der zweite Teil der Argumentation kann allerdings differenziert kommentiert werden – bei Betrachtung der Verläufe der Refinanzierungskosten ist ein konvergenter Verlauf nach Einführung der Gemeinschaftswährung zu beobachten. Dies lässt darauf schließen, dass innerhalb der Struktur der Risikoaufschläge bei einigen Mitgliedsländern ein Faktor wegfiel, der zuvor durch die Märkte eingepreist worden war – diesen wesentlichen Faktor stellte das mögliche Insolvenzrisiko dar. Die Möglichkeit einer Insolvenz ist offensichtlich durch die Entstehung der EWU aber nicht abgewendet worden – dahingehend ist nicht von einer Fehlinterpretation von wirtschaftlichen Fundamentaldaten zu sprechen, sondern von einer Fehleinschätzung der Finanzmärkte.

same Koordination mit internationalen Institutionen (idS.IWF) hervorgehoben, wenngleich in Art. 3 (8) ein Konsultationsgebot der Europäischen Kommission auf Vereinbarkeit bei bereits aufrechtem Beschluss von EFSM Hilfsleistungen besteht. Neben der neu geschaffenen Möglichkeit, finanziell angeschlagenen Mitgliedsländern der Europäischen Union zeitnah bei Eintreten bestimmter Voraussetzungen und Einhaltung bestimmter Bedingungen beizustehen, unterhält die Europäische Kommission zwei weitere Programme – Zahlungsbilanzhilfe für Nicht-Eurostaaten[27] und Makrofinanzhilfen für Drittländer – die hiermit erwähnt, aber nicht weiter beschrieben werden sollen. Die „bestimmten Bedingungen", die von dem Empfängerland einzuhalten sind, werden individuell vor Abwicklung des Hilfsprogramms innerhalb eines Memorandum of Understanding
(MoU)[28] mit der Regierung des betroffenen Landes einerseits, und den beteiligten Parteien des Unterstützungsprogrammes andererseits ausgehandelt und in der Präambel der Verordnung (vgl. Europäische Kommission– 2010, S. 3) wie folgt abstrakt angeführt: „bei Aktivierung des Mechanismus sollten im Blick auf die Wahrung der langfristigen Tragfähigkeit der öffentlichen Finanzen des betreffenden Mitgliedstaats und der Wiederherstellung seiner Fähigkeit, sich selbst auf den Finanzmärkten zu finanzieren, strenge wirtschaftspolitische Bedingungen festgelegt werden".

Ziele des EFSM sind es satzungsgemäß die Stabilität, Einheit und Integrität der Europäischen Union zu wahren. Dem Mitgliedsstaat wird in Form von Darlehen oder einer zugesicherten Kreditlinie finanzieller Beistand durch die Europäische Union gewährt; dahingehend ist das ausführende Organ, die Europäische Kommission berechtigt, auf den Kapitalmärkten aber auch direkt bei Finanzinstituten im Namen der Europäischen Union Kapital über Anleihen oder Kredite aufzunehmen – Obergrenze ist hierbei das Budget der Europäischen Union bzw. der Europäischen Kommission. Innerhalb des Verfahrens der Gewährung von Geldmitteln wird zwischen der Gewährung eines Kredites und der einer Kreditlinie marginal unterschieden – bei beiden Ausgestaltungsvarianten werden innerhalb des Beschlusses der Betrag des Darlehens und bei der zweiten Variante die Gebühr für die Bereitstellung der Kreditlinie, die

---

[27] Verordnung EG Nr. 332/2002 des Rates zur Einführung einer Fazilität zur mittelfristigen Stützung der Zahlungsbilanzen der Mitgliedstaaten über finanziellen Beistand. Der EFSM wurde nicht neu erfunden, sondern stellt an und für sich eine Erweiterung der Zahlungsbilanzstützungsfazilität auf die Eurostaaten dar.

[28] Ein ‚Memorandum of Understanding' bezeichnet in diesem Zusammenhang ein multilaterales Dokument, das die Übereinstimmung der Parteien bezüglich bestimmter Bedingungen anzeigt und gemeinsame Maßnahmen festlegt, um diese Bedingungen zu erreichen. Der Vorteil gegenüber formaleren Rechtsdokumenten wie zwischenstaatlichen Verträgen oder Abkommen liegt darin, dass sie aufgrund ihrer Eigenschaft oft ohne parlamentarische Zustimmung in Kraft gesetzt werden können, um bspw. bestehende Verträge erweitern oder ändern zu können.

durchschnittliche Laufzeit, die Konditionen bzw. die Konditionen für die Bereitstellung der Mittel, die maximale Anzahl der Raten sowie der Bereitstellungszeitraum des finanziellen Beistandes festgelegt. Neben dem abrechnungsspezifischen Details der monetären Hilfeleistungen müssen zudem zwei qualitativ gleichrangige Kriterien innerhalb des Beschlusses definiert werden. Dies sind einerseits ein vom Hilfsempfänger ausgestaltetes Sanierungsprogramm und andererseits die mit den Krediten bzw. Kreditlinien einhergehenden allgemeinen wirtschaftspolitischen Bedingungen, welche bei gewährten Krediten darauf abzielen, eine solide wirtschaftliche und finanzielle Situation in dem begünstigten Mitgliedsstaat sowie dessen eigene Finanzierungsfähigkeit auf den Finanzmärkten wiederherzustellen. Diese Bedingungen treten bei bereitgestellten Kreditlinien abgeschwächt, als finanzieller Beistand beschrieben, demselben Ziel folgend auf. Unabhängig von der Form der Kreditunterstützung werden diese - mit derzeitigem Erfahrungsstand - in Anlehnung und in Absprache mit dem IWF von der Kommission und der EZB definiert werden. Beide genannten qualitativen Merkmale werden von der Kommission in Übereinstimmung mit der EZB halbjährlich auf Einhaltung geprüft, um im Anlassfall dementsprechende Änderungen im Sanierungsplan einleiten zu können[29] - als Ergebnis der Überprüfung kann von der Kommission angeordnet werden, die weitere Auszahlung von Kreditraten zu stoppen. Bei der alternativen Variante, der Bereitstellung einer Kreditlinie, hat der Mitgliedsstaat seine Absicht diese abzurufen der Kommission im Vorhinein mitzuteilen. Das Prozedere selbst wird von dem in Mitleidenschaft gezogenen Mitgliedsstaat angestoßen, indem dieser offiziell die Union um finanzielle Unterstützung bittet – die Evaluierung des benötigten Kapitalbedarfs obliegt dann der EZB und der Kommission. Der Entwurf des Sanierungsprogrammes, welcher sowohl finanzielle als auch wirtschaftliche Maßnahmen zu beinhalten hat, wird der Kommission und dem Wirtschafts- und Finanzausschuss vorgelegt. Die endgültige Beschlussfassung wird schlussendlich auf Vorschlag der Kommission vom Rat mit qualifizierter Mehrheit gefasst (allfällige Änderungen werden mit analogem Zustimmungsquorum beschlossen) (vgl. Europäische Kommission – 2010, S. 4 ff.).

Die Europäische Kommission selbst ist für die Verwaltung der gesamten Fazilität zuständig und wickelt diese mit Unterstützung der EZB ab. Diesbezüglich wurde in der Verordnung ebenso Rücksicht auf potentielle Verbesserungen der gesamtwirtschaftlichen Lage bzw. einer Senkung der Refinanzierungssätze genommen, da erstens den Hilfeempfängern die Möglichkeit einer vorzeitigen Tilgung gegeben wird. Zweitens ist es der Kommission möglich, sich bei nachhaltig verbesserten Bedingungen am Kapitalmarkt jederzeit rezufinanzieren und An-

---

[29] Durch diese Bestimmung wurde die durch die Griechenlandkrise bekannt gewordene Formation der ‚Troika' begründet, die aus je einem Mitglied der Kommission, der EZB sowie des IWF besteht.

leihen zu emittieren oder Kredite aufzunehmen um die Finanzierungskosten so niedrig wie möglich zu halten. Eine potentiell neu aufgelegte Refinanzierung oder Neuregelung der Bedingungen der abgewickelten Finanzierung ist bei dementsprechendem Kapitalmarktumfeld auf Antrag des Mitgliedslandes möglich. Der Mitgliedsstaat trägt die Abschluss- und Transaktionskosten und gewährt der Kommission im Gegenzug auf die Gewährung der Hilfeleistung neben der Zusicherung von Informationsweitergabe und Zusammenarbeit weitgehende Kontrollmöglichkeiten: nach Art. 8 (3) ist unbeschadet des Artikels 27 der Satzung des Europäischen Systems der Zentralbanken und der Europäischen Zentralbank der Europäische Rechnungshof befugt, im begünstigten Mitgliedstaat alle Finanzkontrollen und -prüfungen vorzunehmen, die er im Hinblick auf die Verwaltung dieses Beistands für notwendig hält. Die Kommission, einschließlich des Europäischen Amts für Betrugsbekämpfung, ist insbesondere befugt, ihre Beamten oder ordnungsgemäß befugte Vertreter in den begünstigten Mitgliedstaat zu entsenden, damit diese dort alle technischen oder finanziellen Kontrollen oder Prüfungen vornehmen, die sie im Hinblick auf diesen Beistand für erforderlich hält (vgl. Europäische Kommission – 2010, S. 4 ff.).

Durch die Aktivierung und Etablierung des EFSM wird die Kommission autorisiert, im Namen der EU Finanzmittel aufzunehmen – und diese mit einer implizierten Garantie im Bezug auf den EU Haushalt zu versehen. Um diesen Umstand auch haushalttechnisch umzusetzen, wurden Maßnahmen getroffen, um vorkehrend das Budget dementsprechend anzupassen[30]. Zusammenfassend ist der EFSM also als eine Ausweitung der schon zuvor bestehenden Zahlungsbilanzfazilität zu verstehen. Die Höhe der abschöpfbaren Mittel ist mit der Eigenmittelobergrenze des EU Budgets begrenzt – welches selbst mit 1,23v.H des EU Bruttonationalproduktes (BNE) gedeckelt ist[31] – somit darf die Gesamtsumme der im Jahreshaushalt erteilten Zahlungsermächtigungen und die Summe der jährlich garantierten Rückzahlungen 1,23 v.H. des BNE nicht überschreiten. Die ausgeweitete Kapazität zur Mittelaufnahme wurde extern durch eine Bestätigung des bestmöglichen Ratings der drei anerkannten Ratingagenturen und intern durch eine Adaptierung des EMTN Programmes[32] abgewickelt (vgl. Europäische Kommission – 2010, S.2 ff.)

---

[30] Neben einer aktualisierten Schätzung des potentiellen Ausschöpfungsvermögens, das die zuvor getätigte Schätzung im Umfang von 60 Mrd. Euro bestätigte, wurden zusätzliche ‚p.m.' Haushaltslinien auf Aktiv- und Passivseite etabliert um die Garantie der EU für aufgenommenen EFSM Mittel abzubilden.
Aufgrund der Finanzierungsform ‚back to back' haben bei normalen Abläufen – sprich kein auftretendes Zahlungsereignis – die finanziellen Unterstützungsmittel keinerlei Auswirkungen auf den EU Haushalt.
[31] Laut AEUV Art. 310 und Art. 323
[32] Das Euro Medium Term Notes Programm wurde ins Leben gerufen, um Schuldverschreibungen für die Zahlungsbilanzfazilität, Makrofinanzhilfen für Drittländer und EURATOM Darlehen aufzunehmen.

Da das EFSM Programm im Vergleich zur EFSF zeitnäher etabliert und ebenso schneller einsetzbar war[33], wurde es bis zum derzeitigen Zeitpunkt relativ umfangreicher als die EFSF in Anspruch genommen. Die bisher in Anspruch genommenen Mittel des EFSM werden durch folgende Tabelle abgebildet:

Summe	Laufzeit	Aufnahmedatum	begünstigter Staat	Auszahlung
€ 5.0 Mrd.	5 Jahre	5 Jan. 2011	Irland	12 Jan. 2011
€ 3.4 Mrd.	7 Jahre	17.Mär.11	Irland	24.Mär.11
€ 4.75 Mrd.	10 Jahre	24 Mai 2011	€ 3 Mrd. für Irland, € 1.75 Mrd. für Portugal	31 Mai 2011
€ 4.75 Mrd.	5 Jahre	25 Mai 2011	Portugal	1 Juni 2011
€ 5.0 Mrd.	10 Jahre	14.Sep.11	Portugal	21.Sept.11
€ 4.0 Mrd.	15 Jahre	22.Sep.11	€ 2 Mrd. für Irland; € 2 Mrd. für Portugal	29.Sept.11
€ 1.1 Mrd.	7 Jahre	29.Sep.11	€ 0.5 Mrd. für Irland; € 0.6 Mrd. für Portugal	6 Okt. 2011
€ 3.0 Mrd.	30 Jahre	9 Jan. 2012	€ 1.5 Mrd. für Irland; € 1.5 Mrd. für Portugal	16 Jan. 2012
€ 3.0 Mrd.	20 Jahre	27.Feb.12	Irland	05.Mär.12
€ 1.8 Mrd.	26 Jahre	17.Apr.12	Portugal	24.Apr.12
€ 2.7 Mrd.	10 Jahre	26.Apr.12	Portugal	4 Mai 2012

Tabelle 3: Bisher verwendete Mittel des EFSM - Stand 23.Apr. 2012 (Daten: Europäische Kommission)

Die Summe der verbleibenden finanziellen Mittel des EFSM unter derzeitiger Modifikation belaufen sich auf 11,5 Mrd. Euro. Die Europäische Kommission veröffentlicht zusätzlich zu

---

[33] Weitere Argumente für eine primäre Inanspruchnahme der EFSM Mittel aus vertragsrechtlicher Sicht werden in einem folgenden Unterkapitel angesprochen.

den aggregierten Daten der Emissionen auch geographische und funktionale Aufschlüsselungen der privaten Investorengruppen, die die bisher emittierten Schuldverschreibungen gezeichnet haben. Diese Daten werden nun herangezogen, um eine Einschätzung bzw. eine Ableitung von Risikoeinschätzungen der privaten Akteure abzulesen. Innerhalb der geographischen Dimension ist eine regional breit gestreute Investorenschaft – vor allem mit maßgeblicher außereuropäischer Beteiligung - von Seiten des Emittenten erstrebenswert, da darauf aufbauend auf gestärktes Vertrauen von Seiten der internationalen Finanzmärkte in den Euroraum geschlossen werden könnte. Zum anderen ist es aufgrund des systematischen Risikos durchaus wünschenswert, eine breite funktionale Streuung der Investoren zu erreichen, um belastete Sektoren wie den Bankensektor zu entlasten[34].

Eine dementsprechende Analyse der Daten[35] ergibt, dass unter geographischen Gesichtspunkten die meisten Wertpapiere von europäischen Institutionen (84 v.H.) gekauft wurden – demgegenüber beteiligten sich in Relation zum Gesamtvolumen nur 16 v.H. außereuropäische Investoren an den EFSM Emissionen. Bei regionaler Aufteilung des europäischen Finanzmarktes halten Deutschland inklusive Österreich alleine mehr als 25 v.H. – zählt man das Vereinigte Königreich hinzu erhält man annähernd die Hälfte (45 v.H.) aller Gläubiger. Innerhalb der Gruppe der außereuropäischen Gläubiger hält das Aggregat „Asia" mit 11 v.H. den höchsten Anteil – weit abgeschlagen das Aggregat „Americas" mit nur 3 v.H. der Gesamtemissionssumme. Der relative Verlauf der Anteile je Region bleibt annähernd konstant, wobei zu erwähnen ist, dass der deutsche Anteil zuletzt überproportional zunahm.

Die zweite angeregte Dimension bildet die Gläubigergruppen in funktionaler Hinsicht ab. Die von der Kommission gewählten Gruppenbezeichnungen lauten: Investmentfonds; Großbanken; Versicherungen und Pensionsfonds; Zentralbanken inklusive öffentlicher Institutionen; Privat- und Retailbanken, Firmen sowie die Residualkategorie anderer Investoren. Bei funktionaler Analyse der Emissionen im Rahmen der genannten Gruppierungen ist ersichtlich, dass das Gros der EFSM Anleihen an Investmentfonds und Großbanken verkauft wurde – diese Gruppe erstand mehr als die Hälfte der Wertpapiere (58 v.H.). Weitere große Investorengruppen bestehen in „Versicherungen und Pensionsfonds" (20 v.H.) und „Zentralbanken und öffentlichen Institutionen" (19 v.H.). Bei einer Betrachtung des Trends der funktionalen Aufteilung ist zu Beginn kein wesentlicher Zusammenhang der unterschiedlichen Anteile zu beobachten, im Verlauf nimmt dann jedoch der Anteil der Gruppe „Zentralbank inklusive öffentlicher Institutionen" merklich konstant ab - ein Absinken des Anteils der Gruppe „Großban-

---

[34] Dieses Argument aufgreifend könnte man ebenso gegengesetzt folgern, dass Banken durch den Ausstieg aus Staatsanleihen des Euroraumes und gleichzeitiger Zeichnung von EFSM Wertpapieren risikoavers agieren.
[35] Die entsprechenden Daten sind zwecks Übersichtlichkeit im Anhang der Arbeit angefügt.

ken" kann ebenso - allerdings nicht ohne Ausreißer - abgelesen werden. Eine Interpretation dieser Datenauswertung kann darin bestehen, dass durch den konstanten Rückzug der Zentralbank als Investor auf gestärktes Interesse der Finanzmärkte auf die EFSM Anleihen geschlussfolgert werden kann – vice versa ist der expandierende Anteil der privaten Investorengruppen „Investmentfonds" und „Versicherungen und Pensionsfonds" als Bestätigung dieser These heranzunehmen.

3.2. Die EFSF als Kernelement des Stabilisierungsmechanismus

Die Europäische Finanzstabilitätsfazilität (EFSF) wurde im Rahmen der Krisensitzungen des Rates für Wirtschaft und Finanzen (ECOFIN) gemeinsam mit der Ausweitung der Zahlungsbilanzfazilität Anfang Mai 2010 beschlossen und bildet das Kernelement des derzeitig etablierten vorläufigen[36] Europäischen Stabilitätsmechanismus.

Der EFSF wurde unter luxemburgischem Recht als „Societe Anonyme" im darauf folgenden Juni gegründet und ist seit Anfang August dieses Jahres voll funktionsfähig.
Als Aufteilungsschlüssel der Gesellschaftsanteile wurde der länderspezifische Einzahlungsbetrag am Stammkapital der EZB gewählt (vgl. EFSF a – Seite 1ff.). Dieser Schlüssel bildet das Grundgerüst bezüglich potentieller Verpflichtungen und Haftungen je Mitgliedsland und ist nachstehender Tabelle zu entnehmen[37]:

Mitgliedsstaat	EZB Kapitalschlüssel	EFSF Anteil
Bundesrepublik Deutschland	18,9373	27,065%
Republik Frankreich	14,2212	20,325%
Republik Italien	12,4966	17,860%
Königreich Spanien	8,304	11,868%
Königreich der Niederlande	3,9882	5,700%
Königreich Belgien	2,4256	3,467%
Griechische Republik	1,9649	2,808%

---

[36] Die EFSF ist explizit schon innerhalb des ‚letter of incorporation' mit einem Ablaufdatum bzw. einer Einstellung seiner aktiven Tätigkeit ausgestattet: ..the company shall be dissolved and liquidated when its purpose is fulfilled i.e. when the company has received full payment of the financing granted to the member states and has repaid its liabilities…no new financing programme an no new loan facility agreements will be established or entered into after 30 June 2013..' (Art.4)

[37] Eine Auflistung der jeweiligen Anteile vor und nach der Ausweitung der EFSF ist im Anhang ausgewiesen.

Republik Österreich	1,9417	2,775%
Republik Portugal	1,7504	2,502%
Republik Finnland	1,2539	1,792%
Irland	1,1107	1,587%
Republik Slowakei	0,6934	0,991%
Republik Slowenien	0,3288	0,470%
Republik Estland	0,179	0,256%
Großherzogtum Luxemburg	0,1747	0,250%
Republik Zypern	0,1369	0,196%
Republik Malta	0,0632	0,090%
Σ Summe	69,97	100%

Tabelle 4: Beitragsschlüssel der EFSF Garantieländer relativ zu EZB Stammkapitalanteil in Prozent (2010 – EFSF b)

Die Führung der EFSF übernimmt ein Vorstandsrat, dessen Anzahl von Direktoren der Anzahl der Anteilsinhaber gleichgesetzt wird – diese wiederum entspricht der Anzahl an Mitgliedsstaaten der EU, die den Euro als Zahlungsmittel verwenden. Der von den Direktoren gewählte Vorsitzende hat den EFSF nach außen hin zu repräsentieren, innerhalb des Vorstandrates hat dieser allerdings kein Stimmrecht. Alle Entscheidungen des Vorstandsrates haben mit mindestens qualifizierter Anwesenheit und qualifizierter Mehrheit zu erfolgen[38][39]. Als CEO fungiert Klaus Regling, der zuvor als Generaldirektor bei der Europäischen Kommission innerhalb des Zuständigkeitsbereiches für wirtschaftliche und finanzielle Angelegenheiten und zudem bei dem Internationalen Währungsfonds tätig war. Folgende Organigramme bzw. Abbildungen dokumentieren zum einen die interne Aufstellung sowie den institutionellen Rahmen der Europäischen Finanzstabilisierungsfazilität:

---

[38] Qualifizierte Anwesenheit bzw. Mehrheit beschreibt eine Anwesenheit bzw. ein dementsprechendes Abstimmungsergebnis, bei dem mindestens 80% des gewichteten Stammkapitals und 2/3 der anwesenden Abstimmenden vertreten sind.

[39] Es bestehen drei Ausnahmen bezüglich dieser Regelung, die wichtige grundlegende Bestimmungen betreffen und Einstimmigkeit vorsehen. Dies sind Entscheidungen über eine Bewilligung von finanzieller Unterstützung für einen Mitgliedsstaat inklusive der damit zusammenhängenden Implementierungsstrategie; Entscheidungen über eine weitere Auszahlung von finanziellen Mitteln an ein Mitgliedsland, das bereits Mittel durch den EFSF erhalten hat; eine Entscheidung über die Abrufung von bereits zugesagten Finanzmitteln der Anteilsinhaber oder eine weitere Ausgabe von Anteilen des EFSF.

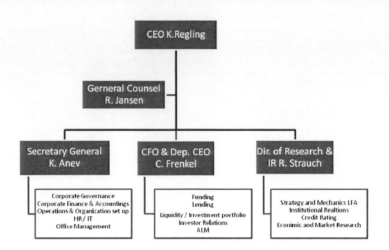

Abbildung 4: Interne Organisation EFSF (2010 – www.efsf.ec.eu; eigene Darstellung)

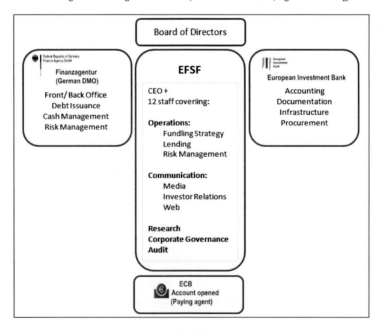

Abbildung 5: Institutionelles Umfeld der EFSF (2010 - EFSF c, eigene Darstellung)

Abbildung 5 zeigt das institutionelle Umfeld der EFSF, welches der Fazilität ermöglicht, mit rund fünfzehn Mitarbeitern die normale Geschäftstätigkeit und andere dem Geschäftsziel folgende Prozesse effizient abzuwickeln. Eine entscheidende Rolle nimmt hierbei neben der EZB und der Europäischen Investitionsbank die mit „debt issuance" sowie Cash- und Risikomanagement betraute deutsche Finanzagentur ein[40].

Zunächst sollen die Grundabläufe der EFSF dargestellt werden. Diese werden in einen politischen Teilprozess und in eine darauf folgende auf Zahlungsströmen basierende Prozessbeschreibung aufgespalten.

---

[40] Die Deutsche Finanzagentur stellt die führende Organisation im Aufgabenfeld des öffentlichen Schuldenmanagements innerhalb Europas dar und hatte als Benchmark im Jahr 2010, dem Etablierungsjahr der EFSF Fazilität, ein Emissionsvolumen von mehr als € 330 Mrd. (www.deutsche-finanzagentur.de/institutionelle-investoren.)

Die Fazilität kann nicht von sich selbst aus tätig werden; die festgeschriebenen konstituierenden Satzungen verlangen nach einem offiziellen politischen Ansuchen um Hilfskredite des betroffenen Eurozonenstaates und einem darauf basierenden definierten Ablauf bis zur Bereitstellung des Kredites:

Hilfsansuchen
Eurozonenmitglied stellt formales Ansuchen um Hilfeleistungen an andere Mitglieder

Unterstützungsprogramme
Europäische Kommisson verhandelt in Absprache mit der EZB und in Kooperation mit dem IWF Bedingungen aus

Zahlungsvereinbarung
Innerhalb eines MoU werden die Zahlungsdetails des Kredites zwischen Empfänger und EK und IWF festgesetzt - bedingen Zustimmung von Eurogruppe und IMF Direktorat

Kreditauszahlung
Die EFSF gestaltet konkret die zahlungstechnischen Details (Dauer, Rückzahlung, Zeitplan etc.) des Kredites aus - zur Verfügungstellung der Mittel an definiertem Datum

(3 bis 4 WOCHEN)

Abbildung 6: Politischer Teilprozess Hilfsansuchen (nach EFSF c - 2010, eigene Darstellung)

Betrachtet man den politischen Teilprozess, scheint die EFSF erst innerhalb des letzten vierten Prozessschrittes aktiv eingebunden zu werden. Das der Fazilität konstituierend zu Grunde liegende Regelwerk setzt allerdings einen weitergehenden Aktivierungsrahmen, um nicht nachteiligen Effekten aufgrund kurzfristiger Verwerfungen auf den Finanzmärkten ausgeliefert zu sein.

Die Aktivierung des EFSF im Rahmen von vorbereitenden Tätigkeiten beginnt bereits innerhalb der ersten Stufe nach formalem Ansuchen des potentiellen Kreditempfängers. Sobald Stufe zwei abgeschlossen werden konnte und ein Unterstützungsprogramm ausverhandelt wurde, ist die EFSF berechtigt, aktiv am Kapitalmarkt tätig zu werden. Wie bereits angemerkt, ist diese Regelung eine Kombination aus einer notwendigen Restriktion der generellen Möglichkeiten einer Institution dieser Art und andererseits möglichst großer Flexibilität, um sich den Bedingungen der Finanzmärkte und den Erwartungen der Investoren im Bezug auf Liquidität anzupassen – dies erreicht die EFSF mit drei wesentlichen Merkmalen der Emissionstrategie (vgl. EFSF c – 2010, S.11 ff):

- Emissionsgröße und Laufzeit:
  Sowohl die Größe als auch die Laufzeit der Emissionen müssen nicht analog wie bei dem EFSM „back to back" aufgelegt werden - dies bedeutet, dass die Fazilität Emissionen mit unterschiedlichen Laufzeiten und Volumina auflegen kann und somit effizientes Portfolio Management ermöglicht wird, um die Refinanzierungskosten zu minimieren. Als Rahmen wird angegeben, dass die EFSF Emissionen im Allgemeinen dasselbe Profil als die begebenen Hilfskredite haben sollen.

- Währung:
  Die EFSF Anleihen bzw. Kredite müssen nicht in Euro, sondern können ebenso in Fremdwährungen aufgenommen werden

- Emissionsstrategie:
  Die Strategie der Emissionen, die durch die deutsche Finanzagentur betreut werden, kann unterschiedliche Formen annehmen. Neben normalen Auktionen sind neue Kreditlinien, Konsortialkredite sowie Tap Issues[41] möglich.

---

[41] Tap Issues sind Anleihenemissionen, die mit Zusatzvereinbarungen ausgestattet sind. Diese beinhalten in der Regel eine zeitlich später angesiedelte Ausgabemöglichkeit weiterer Wertpapiere zu bei Erstemission festgesetzten Preisen.

Nach dem hier beschriebenen Teilprozess, welcher die politische Ebene bis zur Kreditauszahlung der Fazilität beschreibt und zudem technische Details der Emissionsstrategie abhandelt, werden anschließend die Zahlungsströme nach erfolgter Emission durch den EFSF abgebildet:

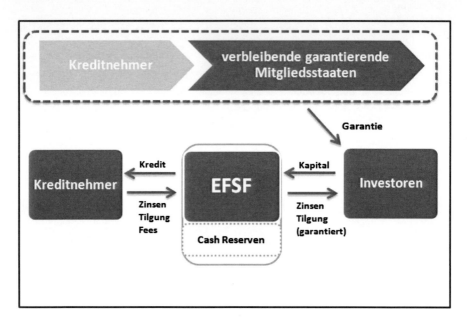

Abbildung 7: Zahlungsströmungen des Kreditabwicklungsprozesses (nach EFSF c - 2010, eigene Darstellung)

Das abgebildete Prozess – Diagramm fasst die bisherigen grundlegenden Funktionen des Kernelements des temporären Europäischen Stabilitätsmechanismus zusammen. Details des Emissionsprozesses wurden bereits abgehandelt – der Fokus wird nun auf den Garantiemechanismus der Fazilität und die weiteren Erweiterungen der EFSF gelegt, die vor allem zu einer Ausdehnung der Kreditsumme und der Befugnisse führten.

Seinem Mandat[42] folgend errichtete der EFSF einen für alle Mitgliedsländer der Gemeinschaftswährung zugänglichen Rettungsschirm, der zunächst auf drei Jahre befristet für Stabilität auf den Anleihenmärkten sorgen sollte. Aus risikoabmildernden zinstechnischen Überlegungen heraus wurde die Gesamtsumme der Garantien der Mitgliedsländer auf zunächst €

---

[42] Das Ziel des EFSF ist in EFSF b (2010) festgeschrieben: 'to safeguard financial stability in Europe by, if necessary, raising funds in capital markets to finance EAMS'.

440 Mrd. gesetzt, wobei das effektiv abrufbare Kapital des EFSF rund € 250 Mrd. betrug (vgl. Sachverständigenrat - 2011, S. 86).
Die Differenz ist durch die implizierte Übergarantierung der Darlehensmittel gegeben, auf die nun näher eingegangen werden soll.

Die strukturelle Konstruktion der Fazilität wurde aus dem Ansinnen heraus entwickelt, auf den Finanzmärkten mit möglichst hohen Bonitätseinstufungen des Emittenten EFSF möglichst zinsgünstige Mittel aufnehmen zu können, die dann an die jeweiligen in Schwierigkeit geratenen Mitgliedsländer weiterverliehen werden.Diese Intention wurde durch eine gezielte Krediterweiterung bzw. Bonitätsverbesserung verwirklicht, die jegliche mögliche Zahlungsausfälle des Schuldners decken und ausgleichen soll. Zwei Instrumente wurden innerhalb des ursprünglichen Designs gewählt, um das Ausmaß an Bonität weiter zu steigern und den Märkten maximale Sicherheit zu signalisieren und zu gewährleisten (vgl. EFSF c – 2010, S. 13 ff.):

- eine Übergarantie der zugesicherten Mittel der einzelnen Mitgliedsländer:
  jeder Garantiegeber vergibt bedingungslose unwiderrufliche Garantien mit dem Schlüssel

  $$\text{EFSF Beteiligungsanteil} \times 120\% \times \text{EFSF Garantiesumme} \qquad (3.1)$$

- eine Reserve in Bareinlagen:
  EFSF - Begünstigte müssen bei Beginn der Hilfestellung der Fazilität vorab Cash Reserven als „loss absorbing capital" entrichten, die im Falle der vollständigen Rückzahlung aller Mittel an den EFSF von diesem an die Garantiegeber ausbezahlt werden. Die Cash Reserven werden wiederum durch drei vorab einbehaltene Gebührenkategorien befüllt:

  - durch eine Servicegebühr (in der Höhe von 0,5 v.H.)
  - durch einen Prozentanteil der Kreditmarge
  - zusätzlich durch einen „loan specific cash buffer" der den EFSF dazu ermächtigt, vom Schuldner zusätzliche Mittel des in Aussicht gestellten Kredits einzubehalten, um höchste Bonitätseinstufungen zu garantieren

Analog zu den Ausführungen zu dem EFSM wurde auch von Seiten des EFSF eine Bewertung seiner Bonität durch Ratingagenturen beabsichtigt. Diese ergab eine Bestbewertung[43] durch die Ratingagenturen Standard & Poors, Moody's und FitchRatings. Aufgrund der Vorgabe bestmögliche Ratings zu erzielen, ist die effektive Garantiesumme der EFSF allerdings stark an die Beteiligungen der Triple A Garantieländer gebunden (vgl. Gros, Mayer – 2011, S. 3 ff.)

Die bisher beschriebene Struktur und der Mechanismus der Bonitätsverbesserung durch Übergarantie und Cash - Reserven führte zu keiner längerfristigen Beruhigung der Märkte. Zudem mussten die Anteile der bisherigen Garantiegeber sukzessive angepasst werden, da zunächst Irland und wenig später auch Portugal aus dem Kreis der Garantiegeber ausschieden und deren Anteil auf die verbleibenden Eurozonen Mitglieder aufgeteilt werden musste. Als Konsequenz wurde daher seitens der Politik reagiert und ein Jahr nach Gründung der Fazilität jeweils an „Krisengipfeln" Ende Juli und Ende Oktober 2011 Abänderungen beschlossen, die die Anleihenmärkte beruhigen und das Vertrauen der Märkte wiederherstellen sollten.

Diese beiden beschriebenen Erweiterungsrunden sind nun Gegenstand des nächsten Abschnittes und schließen das deskriptive Kapitel der Stabilitätsmaßnahmen ab.
Das Kommuniqué der Europäischen Kommission vom 21. Juli 2011 fasst die zu analysierenden Erweiterungen der ursprünglich gefassten Beschlüsse der Eurogruppen -Mitglieder zusammen und bietet somit einen Ausgangspunkt für die weiteren Ausführungen.

Um die Wirksamkeit und Effektivität der Stabilitätsmaßnahmen gegen eine weitere Vertiefung der Krise sowie weitere Ansteckungen von geschwächten Mitgliedern der Währungsunion zu verhindern, wurde der im vorherigen Abschnitt beschriebene Tätigkeitsradius der Fazilität durch die Eurogruppe weiter ausgeweitet, gleichzeitig wurden allerdings auch umgehend neue Beschränkungen eingeführt - eine zu diesem Zeitpunkt angemessene und adäquate Kombination aus politischem Kompromiss und kapitalmarktbezogener Notwendigkeit. Die

---

[43] Die Kommentare der Ratingagenturen zu ihren AAA Ratings im Jahr 2010 im Bezug auf den EFSF geben Einblick, welche strukturellen Merkmale für die Bestwertung ausschlaggebend waren. So unterstreicht FitchRatings den ‚Bonitätsverbesserungs – Mechanismus; ‚ ... the rating is based on the credit enhancement provided by the overguarantee mechanism and cash reserves. The cash reserves will be sized to ensure that any potential shortfall of AAA guarantor coverage of EFSF debt payments due in the event of a borrower default will be sufficient to meet all payments (Fitchratings 2010) während Moody's und S&P die Rolle der AAA gerateten Euro Mitgliedsländer hervorhebt: '…rating includes the irrevocable and unconditional guarantees by the participating states… as well as the creditworthiness of the participating AAA Eurozone members (Moody's – 2010).

EFSF wird innerhalb des neuen Rahmens dazu bemächtigt (vgl. Europäische Kommission – 2011, S. 3 ff.):

- weitreichendere Garantien der Mitgliedsländer mit einzubeziehen; das gesamtheitliche Garantievolumen wurde auf € 780 Mrd. erhöht, um eine effektive Vergabesumme von € 440 Mrd. zu erreichen[44]

- bei nationalstaatlichen Anleiheemissionen vorbeugend innerhalb erweiterter Möglichkeiten als Anleihekäufer tätig zu werden

- Banken oder ähnliche systemrelevante Institutionen in Mitgliedsstaaten mittels Krediten rezukapitalisieren, auch wenn diese sich in Ländern befinden, die sich nicht innerhalb eines Unterstützungsprogrammes befinden[45]

- bei entsprechenden Analyseergebnissen der EZB (Existenz von außergewöhnlichen Umständen auf den Finanzmärkten) und potentieller Gefahr für die Stabilität des Finanzsystems und der zusätzlichen einstimmigen Befürwortung der Euromitgliedsstaaten kann eine Intervention auf den Sekundärmärkten erfolgen

Die vier angeführten Änderungen betreffen unterschiedliche Bereiche der EFSF - Kompetenzen, wobei die weiter ausgeweitete Garantiesumme nicht weiter beschrieben werden muss. Sie stellt schlichtweg eine Adaptierung dar, die unter anderem dem „time lag" der politischen Akteure geschuldet ist und wird im kritischen Teil der Untersuchung abgehandelt. Die im Juli 2011 beschlossene Möglichkeit der Fazilität, innerhalb eines „Precautionary Programs (PP)" auf den Primärmärkten einzugreifen ist umso bemerkenswerter und verlangt nach einer genaueren Analyse. Ziel des PP ist es, Mitgliedsstaaten schon vor dem Auftreten schwerwiegender Situationen zu unterstützen, dementsprechende Politikvorschläge zu lancieren und den Zugang zu EFSF Unterstützungsleistungen zu sichern, bevor Schwierigkeiten bei der Kapital-

---

[44] Dies kann durch die bereits erläuterte Garantiestruktur des EFSF abgeleitet werden – die übergarantierte Summe kann bis zu 165% betragen. Der Garantieanteil Österreichs stieg dadurch von € 12,6 Mrd. auf € 21,7 Mrd. und ist der im Anhang angeführten Tabelle zu entnehmen

[45] Dieser Passus der im Juli 2011 beschlossenen Kompetenzausweitung hat in der aktuellen, derzeitig stattfindenden Diskussion über Hilfsmaßnahmen für Spanien eine besondere Bedeutung. Neben einer Diskussion über die Herkunft der Hilfskredite – hier stehen Mittel aus der temporären EFSF und dem permanenten ESM zur Verfügung - ist vor allem der Zugang zu den Finanzhilfen strittig: im Gegensatz zu Griechenland und den anderen bisherigen Ländern, die Mittel aus dem ‚Rettungsschirm' erhalten haben möchte Spanien den angeführten Erweiterungspassus nutzen, um ohne strenge auferlegte Restrukturierungsprogramme und installierter ‚Troika' Mittel für das strauchelnde spanische Bankensystem zu erhalten.

aufnahme auf den Kapitalmärkten auftreten. Potentiell betroffene Länder des PP sind Mitgliedsstaaten, die noch über einen guten Zustand der öffentlichen Finanzen verfügen – diesen soll geholfen werden, sich weiterhin über die Finanzmärkte zu finanzieren. Zweck dieser Vorsichtsmaßnahme soll es sein, „die negative Konnotation eines Hilfeempfängers bzw. eines Landes dem mit externen Finanzhilfen geholfen werden muss, zu vermeiden[46]" (EFSF d – 2011, S.1). Deshalb soll ein PP zum einen bewusst kurzfristig laufen (einjährige Laufzeit mit zweimaliger sechsmonatiger Verlängerungsmöglichkeit), zum anderen keine strikten Auflagen wie der EFSF beinhalten. Die Funktion des PP soll schließlich darin liegen, als flexibles Instrument krisenverursachende externe temporäre Schocks überbrücken zu helfen und somit eine potentielle Krise von Anfang an zu verhindern (vgl. EFSF d – 2011, S.1)

Die Struktur der PP sieht eine unterstützende Leistung in Form von Krediten vor, die entweder als Kreditlinien zur Verfügung gestellt oder innerhalb eines Kaufes von Staatsanleihen auf dem Primärmarkt erfolgen. Hier ist zwischen zwei Arten von Kreditlinien zu unterscheiden, die abhängig von der finanziellen Stabilität des betroffenen Staates herangezogen werden (EFSF d – 2011, S. 2):

- Precautionary conditioned credit line (PCCL)
    - bestimmt für Länder mit robusten politischen Rahmenbedingungen und sehr starken ökonomischen Voraussetzungen
    - als Benchmark wird die FCL Fazilität des IWF herangezogen; ex ante Bedingungen obligatorisch, keine ex post Bedingungen
    - beabsichtigte Größe von 2 – 10 v.H. des jeweiligen BNE mit einer Laufzeit von einem Jahr mit zweimaliger Verlängerungsoption um je sechs Monate

---

[46] Weiters führt der EFSF folgende erwartete Auswirkungen eines PP an: 'an important contribution of a precautionary programme may be the positive signal that it sends to markets. This means a precautionary programme should be designed in a way that reduces the stigma effect of a regular programme'. Da in den Regelungen aber keinerlei Maßnahmen benannt wurden, um die Teilnahme eines Landes an einem PP zumindest teilweise verzögert publik zu machen, ist eine Inanspruchnahme durch ein Mitgliedsland mehr als zu bezweifeln, da die Teilnahme eines Landes Reaktionen der Finanzmärkte auslösen würde, die es unmöglich machen würden, kurzfristig die Refinanzierungskosten auf normalem Niveau zu halten.

- Enhanced conditions credit line (ECCL)[47]
  - bestimmt für Länder mit guten politischen und fundamentalen finanziellen Rahmenbedingungen, aber mit bestimmten Vulnerabilitäten die die Nutzung einer PCCL Kreditlinie ausschließen
  - analoge Bedingungen wie bei PCCL (Ausnahme: obligatorische Festsetzung von ex post Bedingungen)

Die Richtlinien im Rahmen des PP sehen im Bezug auf die Zugangsentscheidung zu der PCCL ein zusammenfassendes Bewertungsverfahren vor, dass vorbestimmte, wirtschaftspolitische Kriterien zum Inhalt hat[48], welche während der Laufzeit der Kreditlinie kontinuierlich von der Europäischen Kommission evaluiert werden. Können diese Kriterien nicht vollständig erfüllt werden, stehen dem betreffenden Staat die Kreditlinien des ECCL zu. Daraus folgend muss der Staat die von der Kommission oder EZB beanstandeten Punkte des Kriterienkataloges erfüllen (ex post Bedingung). Sollten die Anforderungen nach Ablauf der PP Periode nicht erfüllt worden sein, verpflichtet sich der Mitgliedsstaat zu einer weiterführenden Kooperation und Überwachung der von der Kommission oder EZB aufgezeigten nicht den Kriterien entsprechenden Sektoren – innerhalb dieses Prozesses werden ein weitreichenderer wöchentlicher Informationsaustausch über öffentliche Finanzen und das Finanzsystem, Audits durch die EZB und Stresstests durch die europäische Bankenaufsicht EBA sowie eine Einbindung des EFSF in die dementsprechenden Refinanzierungsvorhaben und Informationen festgesetzt. Der Implementierungsprozess eines PP ist dem der EFSF ähnlich[49] (vgl. EFSF d – 2011, S. 3 ff.).

---

[47] Eine Variante der ECCL – ECCL + - wird in der Literatur als dritte Art angeführt. Hierbei wird ein Teil des Kreditvolumens durch den EFSF besichert. Diese Variante bildet die strukturelle Grundidee der im Oktober 2011 beschlossenen Erweiterungen über eine Versicherungslösung und wird auf den nächsten Seiten beschrieben.

[48] Diese sind: die Einhaltung der Kennzahlen des Stabilitätspaktes, ein nachhaltiges Niveau der Staatsverschuldung, uneingeschränkter Kapitalmarktzugang während der letzten Refinanzierungsoperationen, eine nachhaltige Struktur der Zahlungsbilanz sowie keine erkennbare Instabilität des nationalen Banken- bzw. Finanzsektor (‚pose of systematic threats').

[49] In Anlehnung an den bereits in zwei Teilprozesse aufgeteilten Implementierungsprozess der EFSF gelten für die Etablierung einer PP Kreditlinie ähnliche, jedoch marginal abweichende Richtlinien: nach einem selbst initiierten Ansuchen des Mitgliedslandes um PP Kreditlinien bei der Eurogruppe wird dieses Anliegen an die Kommission und die EZB weitergeleitet. Diese halten das Bewertungsverfahren ab und teilen die Erkenntnisse der EFSF mit, welche einen mit allen Kreditdetails und einer Einstufungsempfehlung (PCCL, ECCL, ECCL+) versehenen Vorschlag an die Eurogruppe richtet. Diese hat den Beschluss über Kreditgewährung einstimmig zu fällen. Rechtlich wird dieser Ablauf durch ein MoU und ein Financial Assistantance Facility Agreement (FFA) der EFSF begleitet.

Sollte sich die Lage des Empfängerstaates innerhalt der Laufzeit des PP dramatisch verschlechtern, wird die EFSF dazu angehalten (nach Rücksprache mit der Kommission) die jeweilige Kreditlinie zu schließen.

Nachdem die Änderungen des Juli Krisengipfels eher funktionale Erweiterungen mit sich brachten und diese Zeit zur Umsetzung benötigten, konnte die Situation auf den Finanzmärkten nicht nachhaltig beruhigt werden. Den anhaltenden kritischen Ausführungen, die die Handlungsweise der Eurogruppe dahingehend kommentierten, dass die Ausleihkapazitäten immer nur nachjustiert, und daher nicht die beabsichtigten beruhigenden Auswirkungen entfalten würden können, wurde am 26. Oktober 2011 während des nächsten Gipfels nachgekommen. Das vordefinierte Ziel des Gipfels war es, die effektiven Kapazitäten auf über € 1.000 Mrd. auszudehnen. Diesbezüglich beschlossen die Mitglieder der EWU zwei finanztechnische Optionen zur Hebelung der bisherigen Garantievolumina[50] (vgl. EFSF e – 2011, S.1 ff.):

- die erste Option soll nationalstaatliche Anleihenemissionen unterstützen, indem zeitgleich Absicherungszertifikate emittiert werden. So soll zum einen die Nachfrage nach diesen Wertpapieren gesteigert und zum anderen die Nachhaltigkeit gewährleistet werden, indem sich das EWU Mitgliedsland günstiger refinanzieren kann.

- die zweite Option sieht die Gründung von Co – Investment- Fonds (CIF) vor, die über eine Mischung von privaten und EFSF Finanzmitteln die effektive Kapazität der Fazilität steigern bzw. hebeln sollen. Die etablierten CIF sollen am Primärmarkt und am Sekundärmarkt tätig werden und so die Funktionalität dieser Märkte für Anleihen stabilisieren und stärken. Aktivitäten am Primärmarkt können unter anderem vom Mitglied dazu genutzt werden, um das nationale Bankensystem zu finanzieren (siehe Kompetenzausweitung Juli 2011)

Die hier beschriebene erste Option wird wie bereits bei anderen EFSF Funktionen erläutert obligatorisch von einem MoU und bestimmten wirtschaftlichen Bedingungen begleitet. Sie ist an und für sich eine erweiterte Funktion innerhalb des zuvor analysierten PP Prozesses.

---

[50] Bisher wurde per Beschluss jeweils eine Ausweitung der Garantiesumme, aber keine finanztechnische Lösung mittels Hebelung beschlossen.

Die hier abgebildete Graphik zeigt den grundlegend angedachten Prozess der Bonitätsverbesserung der emittierten Anleihen durch gleichzeitige Ausgabe von Teilschutzzertifikaten (vgl. Sachverständigentrat – 2011, S. 104 ff.):

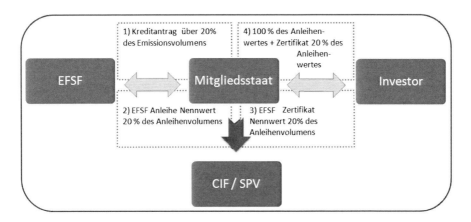

Abbildung 8: Option 1 - teilabgesicherte Emission von Staatsanleihen (nach Sachverständigenrat - 2011, eigene Darstellung)

Ein Mitgliedsstaat der EWU will Anleihen am Finanzmarkt platzieren und diese teilbesichern lassen – dies hat den Vorteil, dass die Refinanzierungskosten gesenkt werden (die EFSF internen Richtlinien lassen eine Besicherung von 20 – 30 v.H. des Emissionsbetrages zu). Innerhalb des ersten Prozessabschnittes beantragt der Mitgliedsstaat hierzu ein Darlehen in der dementsprechenden relationalen Bandbreite bei der Fazilität. Diese wiederum refinanziert das begebene Darlehen über eine Anleihe via ihrer Refinanzierungskanäle (2. Prozessabschnitt). Die begebene Anleihe wird in einem CIF gehalten; ein Special Purpose Vehicle (SPV) emittiert in diesem Zusammenhang ein als Besicherung für die Anleihe extra ausgegebenes Teilausfallszertifikat (Abschluss des 3. Prozessabschnittes). Der Investor erhält schlussendlich die Anleihe zu 100 v.H. des Emissionswertes und zusätzlich das durch EFSF Anleihen besicherte Teilausfallszertifikat, dass je nach zuvor ausgehandelten Konditionen bei einem Zahlungsereignis (nach den Standardrichtlinien der International Swaps and Derivates Association) des Schuldners innerhalb des zuvor genannten Rahmens zur Auszahlung gelangt. Im Gegensatz zu den bisher angesprochenen EFSF Finanzierungsvarianten geht die Fazilität bei dieser Option eine vorrangige Haftung ein (vgl. Sachverständigenrat - 2011, S. 105).

Im Gegensatz zu der ersten im Oktober angedachten Option, die dazu konzipiert wurde, die Mittel der EFSF möglichst effizient zu nutzen und angeschlagene Mitgliedsländer möglichst lange auf den internationalen Kapitalmärkten zu halten ist die zweite beschlossene Option dazu bestimmt, die vorhandenen Mittel des EFSF weiter auszuweiten, ohne wie bisher die Garantievolumina der Mitgliedsländer weiter auszudehnen.

Dies geschieht in diesem Fall durch die Gründung eines CIF mit vorzeitig bestimmter Laufzeit, der sich selbst in mehrere Abteilungen gliedert. Das alleinige Aufgabengebiet der einzelnen Abteilungen des CIF ist es, innerhalb des primären und sekundären Anleihenmarktes der jeweiligen EWU Staaten zu investieren. Währungsunionsmitglieder, die Investitionen des CIF wünschen, müssen sich über ein FFA mit der ESFS verbindlich im Vorhinein einigen. Es wird innerhalb der Richtlinien direkt auf die Möglichkeit hingewiesen, Interventionen auf den primären Märkten dazu zu nutzen, um die jeweiligen nationalen Bank- und Finanzsektoren zu unterstützen[51].

Anlagestrategisch ist der CIF dazu angehalten, die angekauften Anleihen bis zu deren Fälligkeit zu halten, er ist jedoch unter bestimmten Umständen dazu berechtigt, diese vorzeitig abzustoßen[52]. In Kontrast zu dem in der ersten Option vorgestellten SPV, welches für die Emission der garantierenden Teilausfallszertifikate verantwortlich ist, ist die CIF, die private und öffentliche Mittel poolt, direkt der EFSF unterstellt und wird auch indirekt mittels bestellter Direktoren durch diese verwaltet. Die Absicherung bzw. Besicherung der privaten Investitionsmittel wird durch einen mehrstufigen Aufbau der Investitionsstrategie im Bezug auf die Anleihenkäufe konstruiert: das Anleihenportfolio wird in drei unterschiedliche Tranchen aufgeteilt – First Loss Tranche, Participating Tranche und Senior Debt Tranche - und somit die Verlusthaftung bei Ausfall des Anleihenbegebers variabel gestaltet[53]. Die Nachfrage und Partizipation des privaten Sektors und somit das Volumen der Anleihenkäufe wird durch die

---

[51] Die bisher fehlenden Ausführungen zu dem im Juli beschlossenen Unterstützungsmöglichkeiten für nationale Bank – und Finanzsektoren ist mit diesem Finanzierungsinstrument fortzuführen. EWU Staaten können somit indirekt ihre Finanzsysteme refinanzieren, indem sie auf Ebene der EFSF mittels Primärmarktauktionen Kapital beschaffen und dieses dann zweckgemäß weiterleiten.

[52] Bestimmte Umstände sind in diesem Zusammenhang als eine Normalisierung der Marktumstände zu verstehen. Bei Eintreten einer Normalisierung ist ebenso bei erfolgreichem Abstoßen der Schuldscheine mit vorzeitiger Termination der CIF zu rechnen.

[53] First Loss Tranche, Participating Tranche sowie eine geratete (Zielrating: AA/A) Senior Debt Tranche bilden die drei Stufen der CIF. Analog zu der bei jenen Konstruktionen üblichen Praxis der Vermeidung von ungewolltem Verhalten – im weitergehenden Sinne Moral Hazard – wird die EFSF die risikoreichste Kategorie (First Loss Tranche) wahrscheinlich selbst übernehmen. Zur Finanzierung der Emissionen und der Geschäftstätigkeit wird der Kupon der ersten Stufe der Anleihen herangezogen.

Nachfrage nach den nachgereihten Anleihestufen Participating und Senior Debt Tranche bestimmt werden (vgl. EFSF e – 2011, S.4 ff.)

3.3. Ausblick und Kritik

In diesem Unterkapitel werden wesentliche Elemente der europäischen Staatsschuldenkrise und der darauf aufbauenden Lösungsvarianten kritisch analysiert und dementsprechende Schlussfolgerungen abgeleitet. Um das Kapitel der Stabilitätsmechanismen mit einem Ausblick abschließen zu können, wird auf die derzeitige mittelfristige und langfristige Lage der Refinanzierungsmärkte Bezug genommen. Eine weitere Beschreibung und Analyse der Nachfolge der EFSF – dem Europäischen Stabilitätsmechanismus - wird verzichtet. Dies hat vor allem den Hintergrund, dass dieser aus derzeitiger Sicht zwar formell beschlossen und nach Plänen der Politik in wenigen Monaten einsatzfähig sein sollte, er anderseits aber erst von einer Minderheit der EWU Staaten ratifiziert worden ist und dementsprechend die EFSF Fazilität kurzfristig weiterhin die ihr auferlegten Dienste wird leisten müssen[54]. Der Ausblick beschränkt sich also lediglich auf die weiteren Refinanzierungsaufgaben, indem die Struktur der Maturität der Staatsschulden analysiert wird.

Der dem Ausblick folgende abschließende Teil des dritten Kapitels wirft kritische Fragen im Hinblick auf unterschiedliche Dimensionen auf, die die Etablierung der Stabilitätsmechanismen betreffen. Das Hauptaugenmerk wird hier auf den zugrundeliegenden Richtlinien liegen, die während der Erweiterungsphase der EFSF das Eingreifen auf den Primär- und Sekundärmärkten des Anleihenmarktes reglementieren. Eine weitere Abhandlung wird die Kritik über die rechtlichen Hintergründe im Bezug auf den Vertrag von Maastricht beleuchten. Bei beiden Dimensionen sollen entscheidende Problemstellungen aufgeworfen werden und diese auf ihre Wirksamkeit bezüglich stabilisierender Effekte betreffend analysiert und abgeleitet werden.

---

[54] Auch weiteren, der Zielsetzung der Arbeit zuträgliche fiskalpolitische Maßnahmen, wie etwa der Fiskalpakt – einer Schuldenbremse nach deutschem Vorbild – wird nicht weiter nachgegangen.

Wie bereits in den Ausführungen in den ersten beiden Kapiteln beschrieben, belasteten die negativen Einflüsse der Finanzkrise die öffentlichen Haushalte der EWU schwer. „Die erhöhte Mittelaufnahme - der höhere staatliche Finanzierungsbedarf - wurde in weiten Teilen über kurzfristige Emissionen gedeckt" (Europäische Kommission – 2011, S.6).

Die kurzfristige Anlagestrategie der Staaten sowie die ebenso kurzfristig aufgelegten staatlich garantierten Bankenpapiere (welche allerdings nicht in der Abbildung enthalten sind) bilden in Kombination mit der wirtschaftlichen Gesamtsituation eines potentiellen „double dips" eine wesentliche Grundvoraussetzung für stabilitätsgefährdende Entwicklungen am Finanzmarkt. Das unten angeführte Diagramm zeigt hierzu anhand von Berechnungen der Europäischen Kommission das Umlaufvermögen von europäischen Staatsanleihen und die jeweiligen jährlichen Fälligkeitsdaten für die Jahre 2009 bis 2030:

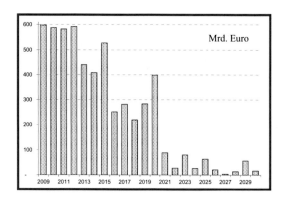

Abbildung 9: Refinanzierungsbedarf EWU 2009 - 2030 (Europäische Kommission 2011, Daten Bloomberg)

Die abgebildete Fälligkeitsstruktur der EWU Staatsanleihen lässt vor allem den Schluss zu, dass auch in den nächsten Jahren weiterhin permanentes Risiko im Bezug auf Refinanzierungen (rollover risk) die Finanzmärkte beschäftigen könnte – dies ist auch dadurch zu erklären, dass der europäische Bankensektor ein ähnliches Fälligkeitsprofil aufweist. Dies trifft vor allem in Marktkonstellationen zu, die weiterhin den Marktzugang von bereits betroffenen EWU Mitgliedern verhindern. Eine weitere makroökonomische Verschlechterung, vor allem im Bezug auf das Wirtschaftswachstum, kann zu einer verlängerten, weiterhin verstärkt kurzfristig auftretenden Refinanzierungsstruktur führen. Beide angesprochenen Punkte können durch gezielte wirtschaftspolitische Maßnahmen nachhaltig gelöst werden – die Funktionen der EFSF können bei dementsprechend verstärkter Anwendung bspw. durch Verlängerung der Laufzeiten zu einer verbesserten Fälligkeitsstruktur der Refinanzierungsmärkte beitragen[55].

Eine weitere wichtige Funktion, die durch die beschriebenen Erweiterungen zunehmend etabliert wurde betrifft das direkte und indirekte Eingreifen der EFSF in die Primär- und Sekundärmärkte der Anleihenmärkte. Bisher wurde auf europäischer Ebene im Verlauf der Finanzkrise nur von Seiten der EZB im Rahmen des Security Market Program (SMP) indirekt auf den Anleihenmärkten eingegriffen, um diese vor dysfunktionalen Störungen zu bewahren und Liquidität zu schaffen[56] (der letzter Eingriff erfolgte Ende Juli - Anfang August 2011 in der Folge von Emissionen spanischer und italienischer Staatsanleihen). Diese Funktion soll nun zunehmend auch von den Krisenmechanismen der EFSF übernommen werden, allerdings innerhalb genau spezifizierter Rahmenbedingungen, deren funktionale Ausprägungen in den vorherigen Abschnitten beschrieben wurden. Innerhalb dieser Rahmenbedingungen sollen nun die in diesem Kapitel bisher beschriebenen Funktionen der Fazilität kommentiert werden.

Grundsätzlich sind die Hilfestellungen der EFSF in der Form von Krediten abzuwickeln, allerdings wird innerhalb der Erweiterungen, konkret bei außergewöhnlichen Umständen der Anleihenmärkte, zu direkten Anleihenkäufen von Mitgliedsländern gegriffen. Die EFSF tritt in diesem Zusammenhang als Marktteilnehmer auf und kauft im Namen der garantiegebenden Länder Schuldscheine von angeschlagenen Mitgliedern auf. Das Hauptziel dieser Maßnahme soll es sein, Mitgliedsländer so lange wie möglich auf den privaten Kapitalmärkten zu halten um somit privaten Investoren möglichst lange die Möglichkeit zu geben, sich mittels Anleihenkäufen an der Refinanzierung der Staaten zu beteiligen – die beabsichtigte Implikation für die EFSF ist eine Schonung der zur Verfügung stehenden Mittel. Insbesondere sind solche Maßnahmen auf den primären Märkten, vor allem innerhalb eines PP möglich. Neben der bereits beschriebenen alternativen Darlehensvergabe zu Kreditlinien wird in Ausblick gestellt, Mitgliedsstaaten am Ende eines regulär über die EFSF abgewickelten Hilfsprogrammes via Stützungskäufen auf den Primärmärkten zu einem nahtlosen Übergang zu einem selbstständigen, freien Kapitalmarktzugang zu verhelfen. Schlussendlich kann die EFSF innerhalb

---

[55] Ein supranationales Schuldenmanagement auf EU Ebene ist derzeit nicht geplant. Dennoch hat die deutsche Finanzagentur derzeit durch das Schuldenmanagement der EFSF einen effektiv vergrößerten Einflussbereich. Zudem wurden innerhalb des Haircuts der griechischen Schulden zeitgleich auch die Fälligkeiten der EFSF und EFSM Engagements ausgeweitet.

[56] Das SMP basiert auf Beschlüssen der EZB Gremien; dessen Inhalt und Funktionszweck ist in der im Mai 2010 erschienenen ‚Monthly Bulletin 05 / 2010'der EZB nachzulesen. Das SMP bemächtigt die Akteure des ESZB, auf den Märkten handelbare Schuldtitel zu kaufen: die in Euro gelistet sind; die von staatlichen oder öffentlichen Stellen von EWU Staaten ausgegeben werden; die von anderen Emittenten ausgegeben werden, die in der EWU niedergelassen sind und deren Wertpapiere die Eignung als EZB Sicherheit bei Repo Operationen aufweisen.

von Rekapitalisierungsmaßnahmen für nationalstaatliche Finanzsektoren auf diese Weise Mittel indirekt an Regierungen zuweisen (vgl. EFSF f – 2011, S. 2 ff.).

Die Akteure, die diese Operationen ausführen sind zum einen die EFSF selbst, zum anderen der CIF, der im Auftrag der EFSF Anleihenkäufe durchführt. Kritisch anzumerken sind bei diesen grundlegenden Ausführungen zum einen der Markteingriff als solcher, da eine öffentliche Institution aktiv in einen Sektor der Finanzmärkte eingreift um diesen nach ihren Willen zu beeinflussen. Hier wird von Seiten der öffentlichen Institutionen von Marktversagen und dysfunktionalen Störungen wesentlicher Marktelemente gesprochen, welche hier ein direktes Eingreifen und somit eine Korrektur rechtfertigen. Belke (vgl. Belke -2010, S. 6 ff.) widerspricht diesen Argumenten: Die Märkte haben sich nicht notwendiger Weise irrational verhalten. Ganz im Gegenteil – die Angst der Finanzmarktakteure, dass ihr investiertes Kapital nicht ausbezahlt werden könnte, war durchaus realistisch. Aufbauend auf diesem Argument kritisiert Belke auch die angebliche „Dysfunktionalität" der Anleihenmärkte, die durch ausgeweitete Spreads und mangelnde Liquidität gekennzeichnet waren, indem er diese mit dem makroökomischen Modellparameter „öffentliches Sparen" und dem dementsprechenden Kapitalstock Griechenlands und Portugals in Relation setzt und darauf hinweist, dass diese nicht mehr „funktional" ihre jeweiligen Staatsschulden bedienen konnten.

Dem Kritikpunkt der „Marktmanipulation" wird in den Richtlinien zu Primärmarkteingriffen Rechnung getragen, indem die EFSF auch analog zu den Ausführungen der EZB feststellt, dass auch der Markt bzw. die Investoren durch die Interventionen profitieren: „aus Perspektive des Marktes bzw. der Investoren ist es zu bevorzugen, wenn sich der betroffene Mitgliedsstaat weiterhin auf den Finanzmärkten (transparent) refinanzieren kann und weiterhin als aktives Mitglied des Marktes das Angebot an Schuldscheinen und die Liquidität steigert" (nach EFSF f -2011, S. 2).

Die Anlagepolitik bei Primärmarkteingriffen erfolgt also umsichtig. Dennoch muss aus Sicht der Fazilität ein Maß gefunden werden, inwieweit innerhalb des Emissionsprozesses eingegriffen wird – mengenmäßig im Bezug auf das Ausgabevolumen der Anleihe sowie qualitativ mittels vordefinierter Preiskorridore[57] - und wieweit das „Marktelement" beibehalten wird. Innerhalb der Primärmarkttätigkeiten kann an zwei angedachten Mechanismen, die ähnliche Zwecke zum Ziel haben, eine grundlegende Kritik geübt werden – das sind zum einen die im Oktober ins Leben gerufene Variante der „Versicherungslösung" mittels zu emittierenden

---

[57] Die angesprochene Ausgestaltung der Primary Market Purchase (PMP) Ankaufprozesse ist innerhalb eines Beispiels im Anhang nachzulesen.

Teilausfallszertifikaten und das im Juli zuvor angedachte PP – Verfahren. Beide Verfahren sind an und für sich innerhalb ihrer Verfahrensstruktur und -prozesse ausgereift und verfolgen das Ziel, ein angeschlagenes Mitgliedsland vorzeitig zu unterstützen – bei ersterem innerhalb von Transaktionen auf den Kapitalmärkten, bei letzterem über vorzeitige Frühmaßnahmen - um so die Stabilität der Eurozone zu verbessern und die Ressourcen der EFSF zu schonen.Trotzdem ist der gewünschte stabilisierende Effekt bei beiden Varianten nur schwer zu erreichen, wenn man von der nun schon mehrjährig vorherrschenden Marktsituation der europäischen Anleihenmärkte ausgeht. Solange der Fokus der Finanzmärkte weiterhin auf die Stabilitätskrise des Euroraumes gerichtet ist und psychologische Effekte wie „safe haven flows" sowie andere schwer abzuschätzende Verhaltensweisen der Anleger vorliegen, die von den fundamentalen Gegebenheiten abweichende „rationale" Entscheidungen begünstigen, ist mit negativen Ankündigungseffekten der beschriebenen EFSF Vorkehrungsprogramme zu rechnen, die potentiell den Kapitalmarktzugang der betroffenen Länder erschweren und im schlimmsten Fall diese direkt in kreditbasierende Stabilitätsprogramme der Europäischen Union treiben könnten. Diese potentiell negativen Ankündigungseffekte sind durch eine verstärkte Verunsicherung der Finanzmärkte erklärbar, die eintreten würden, wenn ein Mitgliedsstaat sich bspw. in ein PP begibt. Die erhoffte Wirkung dieser Maßnahmen könnte sich dahingehend umkehren und die effektiven Mittel der EFSF weiter schmälern, die weiterfolgend ohnehin in Anspruch genommen werden müssten. Die derzeitige Erfahrung im Bezug auf die mittelfristige Wirkung der Stabilitätsmaßnahmen auf Refinanzierungskosten würde daher nicht für die geplanten vorkehrenden Maßnahmen sprechen.

Eine der Auswirkungen der Primärmarktauktionen der Fazilität ist die in Betracht genommene Option, die erworbenen Wertpapiere vor Laufzeitende wieder an den Markt abzugeben. Dies stellt eine Handlung auf dem Sekundärmarkt dar. Die Kompetenzausweitung der Fazilität ermöglichen Eingriffe in den Sekundärmarkt und sehen diese als weitere Möglichkeit vor, die Stabilität innerhalb der EWU zu festigen. Bezugnehmend auf die beschriebenen Rahmenbedingungen des SMP der EZB wird die EFSF jedoch nur staatliche Wertpapiere auf den Kapitalmärkten kaufen, was ebenso konsistent mit den bisher ausgeführten Erläuterungen ist.

Zusammenfassend ist die Intervention der EFSF auf den Sekundärmärkten eng an Analysen und Empfehlungen der EZB geknüpft –Voraussetzungen, die das jeweilige Mitgliedsland einhalten muss, sind nicht näher spezifiziert, sollten aber den im Abschnitt über das PP Verfahren erwähnten Voraussetzungen ähneln. Als potentiell für diese Maßnahmen vorgesehenes Investitionskapital ist das jeweils effektiv verbleibende Kreditvolumen der Fazilität anzurechnen – kurzfristiges Ziel einer solchen Maßnahme ist, die Funktionalität der jeweiligen Finanzmarktsegmente zu gewährleisten, indem die EFSF als Market Maker auftritt und dementsprechende Liquidität garantiert (vgl. EFSF g -2011, S. 3 ff.)

Im Zusammenhang mit aktiven Sekundärmarktoperationen lässt sich somit auch im Hinblick auf die gewünschte Funktion der EFSF als Market Maker, bzw. als Alternative zum SMP der EZB feststellen, dass die Ausübung dieser Funktion zwar wünschenswert wäre, aber aufgrund der vorrangigen Aufgabenstellung der Fazilität nicht im notwendigem Ausmaß durchgeführt werden kann, wenn bspw. größere Garantieländer wie Spanien oder Italien straucheln.

Die im Oktober 2011 beschlossenen Modifikationen wurden zum Zweck der Hebelung der zur Verfügung stehenden Mittel der EFSF beschlossen. Diese Ausweitung war unter anderem auch dadurch nötig, um die konsistent auftretenden neuen Verunsicherungen im Bezug auf die zur Verfügung stehenden Kreditmittel zu beseitigen. Nichts desto trotz tritt durch die nach außen unentschlossen wirkenden Beschlussfassungen der zuständigen politischen Gremien Verunsicherung ein – die weitere Ausweitung der Mittel ändert nichts daran, dass der Krisenmechanismus aufgrund seiner Konstruktion über Garantiebeteiligungen selbst krisenanfällig ist, wenn betragsmäßig große Volkswirtschaften wie Spanien oder Italien davon bedroht werden, aufgrund unverhältnismäßig hoher Refinanzierungskosten einen Krisenmechanismus in Anspruch zu nehmen. Durch die strukturelle Konstruktion des EFSF ist es möglich, eine Abwärtsspirale in Gang zu setzen – durch Hebelung der Garantievolumina sind ebenso negative Rückkoppelungseffekte auf restlich verbleibenden Garantieländer verstärkt, die wiederum durch sinkende Bonitätseinstufungen das effektiv zur Verfügung stehende Kapital zur Krisenbewältigung schmälern – dies führt in dem beschriebenen Fall wiederum zu steigenden Zinsen durch steigende Risikoaufschläge und der Prozess der negativen Rückkoppelungseffekte wird erneut in Gang gesetzt.Kurz zusammengefasst: „die Verschuldung der hoch verschuldeten Länder und umgekehrt die der Garantiegeber weisen Korrelation auf" (Siebert – 2010, S. 2)

Nachdem nun innerhalb dieses Kapitels die beiden europäischen Krisenmechanismen strukturell, institutionell und funktionell analysiert sowie die Modifikationen durch die Beschlüsse der Gipfel im Juli und Oktober 2011 analog beschrieben wurden, wurde ein Ausblick auf die Situation der europäischen Refinanzierungsmärkte gegeben. Schlussendlich wurden wesentliche Elemente der stabilitätsstiftenden Elemente kritisch abgehandelt und analysiert – dies soll nun durch eine kurze, abschließende kritische Abhandlung über die der beiden Institutionen, EFSF als auch EFSM, zugrundeliegenden juristischen Grundlagen abgeschlossen werden.

EFSM und EFSF basieren beide gleichsam auf ähnlichen juristischen Argumentationslinien, haben aber unterschiedliche rechtliche Fundamente - im Gegensatz zur EFSF die außerhalb des AUEV agiert, basiert der EFSM, wie bereits bemerkt, auf einer Richtlinie der Europäischen Kommission.

Die juristischen Bedenken innerhalb eines europarechtlichen Kontextes betreffen vor allem die Artikel 122 – 126 AUEV[58][59], die die Finanzierung der Staatsfinanzen regeln. Innerhalb der angeführten Artikel bildet die „no bailout" Klausel das Kernelement der Kritik im Bezug auf die Anwendung der EFSM. Hier unterscheiden sich die rechtswissenschaftlichen Ansichten: So befürworten manche Autoren, wie auch die Beschlussgremien (siehe Präambel 5 der Verordnung 407/2010) den Bezug auf Art. 122 auf Basis der Verwerfungen der Finanzkrise (wie zum Beispiel Häde – 2009, S. 401 ff.). Kritiker argumentieren, dass die Bezugnahme auf Art. 122 nicht gerechtfertigt ist. Amtenbrink (vgl. Amtenbrink – 2011, S. 172 ff.) betont die eigentliche Intention des Artikels, indem die explizit in dem Artikel angesprochenen Naturkatastrophen herangezogen und diese mit den Auswirkungen der Finanzkrise verglichen werden. Hierbei wird darauf hingewiesen, dass Naturkatastrophen, ähnlich wie Finanzkrisen, schwer vorhersagbar sind, aber selbiges nicht für die Situation bestimmter europäischer öffentlicher Haushalte gelten müsse. „Im Nachhinein hätten die Mitgliedsstaaten viel mehr gegen die auftretende globale Finanz- und Wirtschaftskrise unternehmen können und strukturelle Reformen und Budgetdisziplin verstärkt anwenden müssen" (Amtenbrink – 2011, S. 173).

Wenn man nun diese Ansichtsweise weiterführend kritisch auslegt, so kann die Anwendung des Art. 122 AEUV dahingehend als ein Eingeständnis der beschlussfassenden Gremien interpretiert werden, dass das bisherige europäische System der supranationalen Überwachung der öffentlichen Haushalte nicht funktionsfähig war und somit gescheitert ist.

---

[58] Art. 123 und 124 betreffen die Finanzierung von Staatsausgaben; Art. 125 das Verbot, Schulden von anderen Mitgliedsstaaten der EWU zu übernehmen
[59] Weiterführend hierzu Nettesheim (2011)

4. AUSWIRKUNGEN AUF KAPITALKOSTEN UND STABILITÄT DER EWU

„Im Zentrum des Gefüges zwischen Fiskalpolitik und nachhaltiger finanzieller Stabilität steht die Frage ob der Wirkung der fiskalpolitischen Entscheidungen auf die Risikoprämie der jeweiligen Staatsanleihen" (Christoffel et al. – 2011, S.6).

Diesbezüglich soll das vierte abschließende Kapitel die Auswirkungen des Kernelements des europäischen Krisenmanagements, der EFSF, auf die Kapitalkosten ausgewählter EWU Mitgliedsländer analysieren und dahingehend stabilisierende Wirkungen abgeleitet werden. Basierend auf den ausgewählten empirischen Studien muss hier aber strikt zwischen kurzfristiger Perspektive und mittelfristiger stabilisierender Wirkung unterschieden werden. Wie aus dem einleitenden Zitat abzuleiten ist, wird die kurzfristige, potentiell stabilitätsstiftende Wirkung innerhalb dieser Studie durch eine Beobachtung der Finanzmärkte zu den jeweiligen charakteristischen Zeiträumen abgeleitet. Als Indikatoren, sowohl auf kurze als auch darüberhinausgehende mittelfristige Frist werden unterschiedliche finanztechnische Kennzahlen herangezogen. Zum einen sind dies Spreads der Renditen vergleichbarer Staatsanleihen ausgewählter Länder, aber auch zusätzlich die analogen Spreads von Credit Default Swaps (CDS). Diese Indikatoren und deren Aufspaltung in unterschiedliche Bestandteile, die zusammengefügt den jeweiligen Spread zur risikolosen Anlageform ergeben, werden im folgenden Unterkapitel beschrieben.

Das darauf folgende Unterkapitel widmet sich direkt den unmittelbaren Auswirkungen auf den Finanzmärkten, indem zunächst die zuvor beschriebenen Indikatoren auf Tagesbasis an ausgesuchten Event – Fenstern täglich abgebildet werden. Auf Basis dieser kurzfristigen Herangehensweise werden zuerst die kurzfristigen Ankündigungseffekte der Stabilitätsprogramme untersucht und interpretiert. Eine weitere empirische Studie der Deutschen Bundesbank weitet den zeitlichen Horizont auf eine mittelfristige Perspektive aus und wird innerhalb der im ersten Unterkapitel beschriebenen Risikoprämie einen Parameter für Risikoaversion auf die Spread – Indikatoren anwenden. Es wird so versucht, die Effekte der europäischen Stabilitätsmechanismen auf die Risikoprämien zu analysieren.

Insbesondere wird so weiterführend mittelfristig herausgearbeitet, welche Bestandteile der Spreads während der Bonitätskrise in den Vordergrund traten und welche dieser Parameter nicht durch die Stabilitätsmechanismen zumindest kurz- bis mittelfristig eingedämmt werden konnten.

Die abschließende Conclusio schließt die Studie ab, indem eine Zusammenfassung der dargelegten Kapitel gegeben wird und schließlich die anfangs gestellte Untersuchungsfrage anhand der ausgearbeiteten Ergebnisse beantwortet wird. Um die Untersuchungsfrage nachhaltig zu beantworten, muss die derzeitige Situation der Finanzmärkte ebenso Berücksichtigung finden. Langfristige Konzepte wie sie derzeit von Seiten der EU vorgeschlagen werden sollen hier kurz erwähnt werden, ebenso die in dieser Untersuchung nicht berücksichtigten Eigenheiten der finanzpolitischen Entscheidungsgremien.

4.1. Zins- und CDS Spreads als Risikoindikatoren

Als Risikoindikatoren für Staatsanleihen auf den Finanzmärkten werden oftmals Zins- und Renditeunterschiede verwendet[60]. Bei Verwendung dieser ist aber zuerst zu beachten, welche Faktoren diese Kennzahlen bewegen bzw. maßgeblich beeinflussen. Durch die internationale Verflechtung der Finanzmärkte sind neben nationalstaatlichen Faktoren ebenso globale Effekte zu berücksichtigen. Auch CDS Spreads, die als Indikator für Zahlungsereignisse und somit als Risikoindikatoren zu beurteilen sind, werden nicht nur von nationalstaatlichen fiskalen Fundamentalwerten beeinflusst – globale Einflussfaktoren, wie die Verschiebung der Risikopräferenz der Anleger oder weltweite Wachstumsprognosen beeinflussen die Entwicklung von CDS der Staatsanleihen (vgl. IWF – 2010, S. 33 ff.).

Im Falle der Stabilitätskrise der EWU können Makroeffekte zum einen in spezielle, charakteristische supranationale Effekte (bspw. Risiko des europäischen Bankensystems[61]) aufgeteilt werden, welche einen maßgeblichen Einfluss auf die Polarisation der Anleihenmärkte hatten.

---

[60] Zur Herleitung und Verwendung sowie Kritik und Alternativen von Zins- und CDS Spreads für Staatsanleihen: ‚Berechnung des Credit Spreads' (Pape, Schlecker – 2010)
[61] Weiterführend bezüglich der Transmissionskanäle und Auswirkungen auf die Rendite: Gerlach et al.(2010)

Aber auch allgemeine Effekte wie die globale Risikoaversion (bspw. „safe haven flows" [62]) als Nachwirkung der Finanzkrise können diese Polarisation beeinflusst haben. Auswirkungen der EFSF und der Stabilitätsmechanismen allgemein sind somit als oben benannte charakteristische supranationale Effekte einzustufen, obwohl sie stets nationalstaatlich angewendet werden. Diesbezüglich stellt sich die Frage, inwieweit staatliche Anleihenrenditen und CDS Spreads von
(supra)nationalen fundamentalen Werten beeinflusst werden. Auf Basis einer Analyse der G 7 Volkswirtschaften während und nach der Finanzkrise weisen Alper et al. (2012, S.5 ff.) nach, welche Determinanten (nach der Kategorisierung: globale bzw. fundamentale) für die Entwicklung von CDS Werten maßgeblich entscheidend sind. Die Regressionsergebnisse der CDS Spreads ergaben, dass globale Finanzfaktoren wie Risikoeinstellung und globale Wachstumsdaten einen größeren Einfluss haben als fundamentale Indikatoren wie Schulden- und Budgetkennzahlen[63]. Eine allgemeine Schlussfolgerung dieser Studie ist demzufolge die äußerst ausgeprägte Vernetzung und Verflechtung der internationalen Finanzmärkte. Dieses Ergebnis deckt sich ebenso mit der Erkenntnis, dass Anleihenrenditen über einer risikolosen Alternative und CDS Spreads über derselben Alternative dasselbe Kreditrisko abbilden[64].

Nachdem nun anhand der Studie von Alper et al. eine kurze Analyse der externen Einflussfaktoren auf Rendite- und CDS Spreads nach den Kategorien „global" und „fundamental" einleitend durchgeführt wurde, werden nun die internen Bestandteile der Renditeunterschiede von Staatsanleihen im Zusammenhang mit der europäischen Stabilitätskrise beschrieben und diskutiert. Als Basis der Zinsreferenzwerte wird in diesem Kapitel eine möglichst sichere und liquide Referenzanleihe mit gleicher Laufzeit (i.d.S. zehnjährig) gewählt – hierfür bieten sich im europäischen Raum deutsche Bundesanleihen an, die neben ihrem internationalen Benchmarkstatus auch die nötige Liquidität aufweisen (vgl. Dunne et al – 2007, S. 1616 ff.)[65].

---

[62] De Santis (The Euro Area Debt Crisis – EZB 2012) untersucht hier die Effekte der Stabilitätskrise im Zusammenhang mit Ratings der Ratingagenturen und stellt fest, dass Ausweitungen der Spreads von kleinen relativ sicheren Volkswirtschaften wie Österreich und Finnland zugunsten von Deutschland stattgefunden haben – safe haven flows.
[63] Das Set an Variablen für fiskale Indikatoren konnte 12 v.H. der Veränderung der CDS Spreads erklären, während vice versa das Set an Variablen für globale Finanzdaten 25 v.H der CDS Schwankung erklären konnte – beide Ergebnisse lassen allerdings auf eine große unerklärte Variable bei CDS Schwankungen schließen. Das Ergebnis lässt allerdings ebenso die Schlussfolgerung zu, dass bei Spreadanalysen wie der hier durchgeführten immer eine große unerklärte Variable inkludiert ist und somit immer ein gewisser Vorbehalt geboten ist.
[64] Die Schätzgleichung und die Schätzergebnisse von Alper et al. werden im Anhang abgebildet.
[65] Dunne et al. (2007) untersuchen die internationale Verwendung der deutschen Bundesanleihen als Benchmark bei Analysen von Rendite- und CDS Spreadanalysen.

Die internen Bestandteile der Renditedifferenz werden innerhalb dieser Studie in drei Bestandteile aufgespalten: das Kreditrisiko, die Risikoprämie und die Liquiditätsprämie. Das Kreditrisiko wird in den Spread eingepreist, indem risikoaverse Anleger einen Zinsaufschlag für den erwarteten Verlust bei einem eintretenden Zahlungsereignis des emittierenden Staates verlangen. Zudem wird eine Entschädigung für die Unsicherheit in Form eines zusätzlichen Aufschlages eingepreist, der die zum Zeitpunkt der Fälligkeit tatsächlich realisierten Verluste den erwarteten Verlusten gegenübersteilt – dieser Bestandteil des Spreads wird durch die Risikoprämie dargestellt. Schlussendlich wird ein Zinsaufschlag eingepreist, der die größere Volatilität im Vergleich zur Benchmarkanleihe anzeigt. Dieser letzte Bestandteil des Spreads wird in der Untersuchung als Liquiditätsprämie bezeichnet (vgl. Deutsche Bundesbank-2011, S. 32 ff.).

Die beschriebenen Spreadbestandteile bestehen nun ihrerseits aus unterschiedlichen beeinflussenden Variablen. Integraler Bestandteil der im Kreditrisiko inkludierten Faktoren sind Länderrisiko und Kennzahlen, die die Bonität des Emittenten beeinflussen – in diesem Sinne das im vorigen Absatz beschriebene „fundamentale" Set an fiskalen Variablen[66], die auf nationaler bzw. supranationaler Ebene wirken. Innerhalb des Zinsaufschlages lässt sich das Kreditrisiko rechnerisch bestimmen: „Rechnerisch entspricht diese Komponente der Wahrscheinlichkeit eines Zahlungsausfalls multipliziert mit der Ausfallrate – also dem prozentualen Teil der Forderung, der bei einem eingetretenen Zahlungsausfall unwiederbringlich verloren ist" (Deutsche Bundesbank – 2011, S.33).

Die empirische Evidenz der das Kreditrisiko beeinflussenden Faktoren wird durch eine Regressionsanalyse der Deutschen Bundesbank bestätigt, die zunächst auf die Auswirkungen der Finanzkrise und anschließend auf die Stabilitätskrise der EWU angewendet wurde. Die zur Darstellung der Ausfallwahrscheinlichkeit (Kreditrisiko) herangezogenen Koeffizienten[67] sind innerhalb der Schätzgleichung in einem Vektor zusammengefasst. Die drei verwendeten Variablen bestehen aus einem Parameter, der die Renditedifferenz zwischen Unternehmens-

---

[66] Länderrisiko wird oft in Verbindung mit Ratingurteilen gezogen. Diesbezüglich werden im Anhang der Ratingverlauf ausgewählter Krisenländer bzw. das Rating im Zusammenhang mit fundamentalen Werten (Budgetdefizit) abgebildet.

[67] Nach einer empirischen Arbeit von Dötz und Fischer (2010): Hier wird anhand eines Schätzmodells, dass Liquiditätsprämie, Risikoprämie Kreditrisiko trennt, untersucht, wie sich die Ausfallwahrscheinlichkeit auf die Renditedifferenzen der EWU Länder auswirkt. Vor allem innerhalb des Kreditrisikos wird ein multivariabler Ansatz gewählt der hier weiter ausgeführt wird. Des Weiteren bestätigt eine empirische Arbeit von Gerlach et al. den positiven Zusammenhang zwischen Haushaltsdefizit und Schuldenstand eines Staates mit dem Renditeaufschlag der Staatsanleihen des betreffenden Landes.

anleihen mit der Bonitätseinstufungen BBB und Staatsanleihen aus dem Euro Raum darstellt – dieser wird dahingehend als Indikator für die Finanzierungsbedingungen der Unternehmen benutzt; der zweite inkludierte Parameter soll die Ertragsaussichten des Finanzsektors abbilden – hierzu wurde der jeweilige nationale Aktienindex für Werte des Finanzsektors zu dem jeweiligen Aktienindexwert aller Aktienwerte in Relation gesetzt. Der dritte inkludierte Parameter bildet die nationale Wettbewerbsfähigkeit ab. Die Aussicht auf geringes Wirtschaftswachstum innerhalb der Eurozone wird seit der Krise vor allem mit mangelnder Wettbewerbsfähigkeit in Zusammenhang gebracht. Die Schätzergebnisse des Modelles ergeben für die beschriebenen Parameter statistisch signifikante Ergebnisse – die Variablen beeinflussen die Zinsdifferenz zu deutschen Bundesanleihen mit dem erwarteten Vorzeichen. Sowohl zunehmende Aufschläge auf Anleihen von Unternehmen als auch zunehmende Probleme des Finanzsektors in Hinsicht auf die Ertragslage sowie Einbußen der nationalen Wettbewerbsfähigkeit führen zu einer Steigerung der Ausfallswahrscheinlichkeit und damit zu einer Steigerung des Kreditrisikos (vgl. Deutsche Bundesbank – 2011, S.35).

Die hier vorgebrachte Zerlegung der Renditeaufschläge in Kreditrisiko, Risiko- und Liquiditätsprämie sind der Ausgangspunkt für das abschließende Unterkapitel. Vor allem mittelfristig sollen so Interpretation des Verlaufes der Indikatoren ermöglicht werden. In der kurzen Frist können Ankündigungseffekte der Stabilitätsmaßnahmen und deren mittelfristige Rezeption an den Finanzmärkten Verschiebungen innerhalb der beschriebenen Bestandteile hervorrufen, die ebenso aufgezeigt werden sollen. Trotz dieser Unterteilung der Renditeunterschiede in unterschiedliche Bestandteile und weiterer Spezifikation ebendieser ist der Blick auf das Ganze nicht zu verlieren – die finanzpolitische Zielsetzung der Stabilisierung der europäischen Anleihenmärkte.
Das nun folgende Unterkapitel wird die Effekte der Stabilisierungsmechanismen innerhalb der hier beschriebenen Kategorien darstellen und die Auswirkungen im Sinne einer stabilisierenden Wirkung hin analysieren.

4.2. Analyse der Kapitalmarktsituation

Die Auswirkungen der Stabilitätsmechanismen auf die Finanzmarktindikatoren werden nun anhand der im letzten Kapitel aufgegriffenen Kategorien analysiert. Diesbezüglich werden zwei empirische Studien herangezogen und deren Ergebnisse zusammengeführt, um schließlich konkrete Effekte ableiten zu können. Die erste Studie untersucht ausschließlich kurzfristige Effekte und fokussiert sich auf Ankündigungseffekte maßgeblicher Ereignisse, die die EFSF betreffen. Die zweite Studie beschäftigt sich intensiv mit dem mittelfristigen Verlauf eines Parameters für Risikoaversion und schafft somit den Konnex zwischen den zuvor beschriebenen Bestandteilen des Zinsaufschlages und dem mittelfristigen Verlauf dieser Indikatoren auf europäischer Ebene. Ausgangsbasis beider Studien sind die jeweiligen Renditen der zehnjährigen Staatsanleihen der EWU Mitgliedsstaaten, die in der unten abgebildeten Grafik nun zuerst in einer Gesamtansicht abgebildet werden[68]:

Abbildung 10: Rendite auf zehnjährige Anleihen Euro Währungsraum (Dieckmann - 2012, Daten: Bloomberg)

Diese erste ganzheitliche Abbildung ist dahingehend äußerst aufschlussreich, da hier bereits erste generelle Implikationen im Bezug auf die Spreads zu Bundesanleihen abgeleitet werden können. Betrachtet man den Verlauf der herangezogenen Benchmarkanleihe über die Phase

---

[68] Eine deskriptive Statistik zu dieser Abbildung ist im Anhang aufgezählt bzw. abgebildet.

der Bonitätskrise, so ist abzulesen, dass nicht nur die Zinsverläufe der PIIGS Gruppe wesentliche Abweichungen verzeichneten, sondern dass sich vor allem ab dem Ende des ersten Quartals 2011 die Entwicklung der deutschen Anleihen stärker von den Zinsverläufen der gesamten übrigen EWU Refinanzierungssätzen entfernte – so haben sich auch die Spreads von vermeintlich nicht stark von der Bonitätskrise betroffener Länder wie Finnland, den Niederlanden oder Österreich vergrößert.

Wie bereits erläutert, folgt der analytische Rahmen einer strikten Trennung von kurz- und mittelfristigen Interpretationsräumen. Die kurzfristigen Effekte werden nun anhand einer umfangreichen empirischen Eventstudie nach Dieckmann (2012) erläutert. Der Untersuchungsgegenstand der Eventstudie fokussiert sich auf die Ankündigungseffekte der EFSF und der begleitenden Stabilitätsmaßnahmen, vor allem aber den erfolgten, bereits im vorhergegangenen Kapitel beschriebenen Modifikationen und Kompetenzerweiterungen. Die Kurzfristigkeit ist hier dahingehend ausgeprägt, dass die von Dieckmann durchgeführte Studie versucht die in definierten Eventfenstern gesammelten Indikatordaten auf Tagesbasis auf Ankündigungseffekte hin zu analysieren. Die Effekte der EFSF werden innerhalb von ein, zwei und dreitägigen Zeitfenstern analysiert, die insgesamt an zwölf vordefinierten Stichtagen festgelegt wurden. Die jeweiligen Eventfenster wurden an bestimmten Tagen, die besondere Ankündigungseffekte der Stabilitätsprogramme bzw. der EFSF erwarten lassen, fixiert[69]. Als Datengrundlage dienen Dieckmann Tageswerte der Refinanzierungsraten der EWU Mitgliedsstaaten mit der Ausnahme von Zypern, Malta, Luxemburg und Estland (siehe Abbildung 10) sowie analog die Werte fünfjähriger CDS im Beobachtungszeitraum vom 1. Januar 2010 bis zum 30. Dezember 2011. Um die Effekte quantifizieren zu können, wurden innerhalb der Studie die noch ausstehenden Staatsschulden der jeweiligen Länder aus Bloomberg[70] nach Laufzeit und Struktur aufgeschlüsselt (Dieckmann – 2012, S. 8ff).

Wenn man die im vorherigen Kapitel hervorgehoben Kritik an den Vorkehrungsprogrammen der EFSF als Vergleich heranzieht, so lässt eine Interpretation der durch Dieckmann erzielten

---

[69] Im Anhang befindet eine Liste der entscheidenden Sitzungen der EU Gremien; diese wurde mit den verwendeten Stichtagen erweitert. Die von Dieckmann verwendeten Event – Stichtage wurden dementsprechend hervorgehoben.

[70] Bloomberg Data Services verfügt über eine DDIS Funktion. Unter Zuhilfenahme dieser Funktion lassen sich Schuldenstände nach unterschiedlichen Kategorien aufschlüsseln.

Ergebnisse[71] größtenteils positive kurzfristige Ankündigungseffekte der EFSF zu. Die Ankündigungseffekte der EFSF auf die Zinskurven verursachte innerhalb der erwähnten Zeitfenster eine geteilte Reaktion. Die extremsten Rückgänge zeigten sich wenig verwunderlich bei den PIIGS Staaten, nach ihrer Stärke her gereiht bei Irland, Portugal und Griechenland. Auf der anderen Seite mussten die vermeintlich bonitätsstärksten Volkswirtschaften (Deutschland, Frankreich, Finnland, Niederlande, Österreich) einen Anstieg der Refinanzierungszinsen hinnehmen. Nach Anwendung derselben Berechnungen auf Basis der fünfjährigen CDS Werte werden analoge Ergebnisse für die PIIGS Länder erzielt. Im Gegensatz zu den Berechnungen auf Basis der Refinanzierungszinssätze erzielen aber auch die bonitätsstarken Länder eine Senkung der CDS Werte (vgl. Dieckmann – 2012, S. 13 ff.)

Kurzfristige Effekte der EFSF sind dahingehend die erwarteten Verschiebungen der Refinanzierungssätze. Vermeintlich fundamental stärkere Volkswirtschaften erlebten einen Anstieg, die am stärksten unter hohen Refinanzierungskosten leidenden Mitgliedsstaaten der EWU erlebten ein kurzfristiges Absinken der Zinsen. Die auf Basis der CDS Werte erhaltenen Ergebnisse lassen die Schlussfolgerung zu, dass die Finanzmärkte kurzfristig die Etablierungsstufen der EFSF als gegenseitige Absicherung bzw. Haftung antizipieren, obwohl wie im vorhergegangenen Kapitel beschrieben, ein Ausschluss der gegenseitigen Haftung im Bezug auf Schulden vertraglich zwischen den Mitgliedsländern der EWU festgesetzt ist. Wie nun weiter ausgeführt wird, konnte die kurzfristige Wirkung, nämlich eine Reduktion der Kreditausfallswahrscheinlichkeit der Krisenländer ohne eine nachteilige Wirkung auf die Ausfallswahrscheinlichkeit der Garantiegeber, die durch Analyse der CDS Werte abgeleitet wurde, nicht aufrecht erhalten werden.

---

[71] Die Ergebnistabellen, sowie eine kurze Erläuterung zu den Eventkategorien sind im Anhang abgebildet. Dieckmann geht in der empirischen Fallstudie noch weiter und unternimmt den Versuch, die Ankündigungseffekte der EFSF auf die Gesamtverschuldung quantitativ zu erfassen – seine Berechnung ergibt einen wohlfahrtssteigernden Effekt einer Gesamtschuldenreduktion von rund € 8 Mrd. – der allerdings nach heutiger Erfahrung mittelfristig keinen Niederschlag fand.

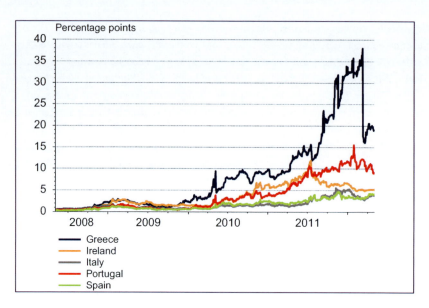

Abbildung 11: Ausgewählte Benchmarkwerte zu deutschen Bundesanleihen - Auswirkungen der Krisenmechanismen (Eigenerstellung, Daten: Datastream))

Der nun gewählte Analyserahmen wird abschließend auf die mittlere Frist gelegt – im Sinne dieser Studie soll quasi der gesamte zeitliche Bereich der Bonitätskrise mit eingeschlossen werden. Die oben angeführte Graphik zeigt die Zinsaufschläge der PIIGS Ländergruppe auf deutsche Bundesanleihen. Bezugnehmend auf die Datenlage und die graphische Darstellung innerhalb der oben eingefügten Grafik kann ohne weiteres schlussgefolgert werden, dass die bisherige Zielsetzung der Stabilitätsmechanismen deutlich verfehlt wurden. Trotz dargestellter kurzfristiger positiver Ankündigungseffekte konnte der Trend der sich verschlechternden Situation der Refinanzierungssätze nicht gebrochen werden. Das der EFSF zugrunde gelegte Ziel „to safeguard financial stability in Europe" kann, soweit das an dieser Stelle festgestellt werden kann, als nicht erreicht beschrieben werden.

Dennoch hatte die Einführung der Stabilitätsmechanismen Auswirkungen auf die im letzten Unterkapitel dargestellten Bestandteile des Zinsaufschlages. Die Markteinschätzung von fundamentalen Werten wurde zunehmend durch „safe haven flows" und globale Risikoaversion ergänzt, sodass vermeintlich sicherere Länder wie die Niederlande relativ profitierten, während andere Länder als risikoreicher eingeschätzt wurden, obwohl sich die Gruppe der fundamentalen Variablen nicht wesentlich geändert hatte. Auf Monate begrenzt, konnte bspw. das SMP der EZB[72] sowie das Hilfsprogramm, dass durch die Kombination von EFSM und IWF Mitteln für Griechenland geschnürt wurde, den Anstieg dieser Kredit- und Risikoprämien kurzfristig brechen (vgl. IWF – 2010, S.33 ff.).

Nachdem die einzelnen Bestandteile des Kreditrisikos im Bezug auf die Refinanzierungssätze bereits erläutert wurde, soll nun die mittelfristige Änderung der Risikoprämie in Sinne eines Parameters für Risikoaversion auf die Zinsaufschläge angewandt und interpretiert werden. Diesbezüglich wird ein von der Deutschen Bundesbank entwickelter Parameter für Risikoaversion[73] verwendet. Dieser Parameter bildet eine Mehrzahl von Einzelindikatoren wie zeitvariabler Korrelation zwischen Erträgen deutscher Staatsanleihen und Aktien, VDAX, Kreditausfallsprämien europäischer Unternehmen mit Investmentgrade Rating (Itraxx Europe), Itraxx Crossover und Spreads von AAA sowie BBB Unternehmensanleihen gegenüber Bundesanleihen ab. Risikoaversion ist durch viele einzelne Indikatoren ableitbar – dieser Ansatz über eine Hauptkomponentenanalyse ermöglicht eine relativ genaue Approximation. Die Näherung der ersten Hauptkomponente liefert mit annähernd 80 v.H. einen guten Erklärungswert[74] (vgl. Bundesbank – 2008, S. 40 ff.).

Dieser Risikoparameter wird nun mit den zeitgleich erhobenen Zinsaufschlägen von Griechenland, Irland und Portugal grafisch dargestellt:

---

[72] Der Zusammenhang zwischen dem SMP der EZB und den Zinsverläufen der PIIGS Staaten ist im Anhang grafisch dargestellt. Einige Autoren sehen bisher nur in durchgeführten SMP Aktionen die Möglichkeit, nachhaltig in die Anleihenmärkte einzugreifen.

[73] Die genaue Konstruktion des verwendeten Parameters kann im ‚Monatsbericht August 2008' der Deutschen Bundesbank, Seite 40 ff. nachgelesen werden.

[74] Die Näherung durch die erste Hauptkomponente liefert mit annähernd 80 % einen guten Erklärungswert der Streuung. Alle berücksichtigten Variablen ergeben das erwartete Vorzeichen.

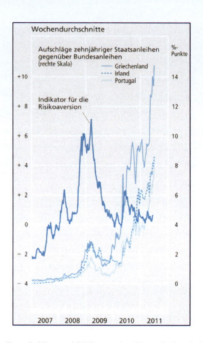

Abbildung 12: Renditeaufschläge und Risikoaversion (Deutsche Bundesbank - 2011, S. 41)

Anhand dieser Abbildung soll nun die Auswirkung der Stabilitätsmaßnahmen auf die Risikoprämie bzw. auf die Risikoneigung der Finanzmärkte abgeleitet und analysiert werden – Verschiebungen der Bestandteile der Spreads können so innerhalb der allgemein steigenden Refinanzierungssätze aufgedeckt werden. Nach den nationalen Stützungsprogrammen für angeschlagene Bankensektoren begann die Risikoaversion der Anleger am Ende des ersten Quartales 2009 wieder zu sinken. Da durch diese Hilfsmaßnahmen allerdings ein Risikotransfer zu den öffentlichen Haushalten stattfand, begann sich der Fokus auf die fiskale Nachhaltigkeit derjenigen Staaten zu richten, die entweder ohnehin schwache fiskale Fundamentaldaten aufwiesen oder deren Volkswirtschaft einen relativ großen Bankensektor beinhaltete[75]. Anfang 2010 begannen die Spreads der abgebildeten Länder Griechenland, Irland und Portugal signifikant zu steigen, obwohl der der Risikoprämie zugrundeliegende Risikoaversionsparameter absank bzw. nicht demselben Trend folgte. Dies deutet darauf hin, dass nicht globale Effekte den Spreads Auftrieb verliehen, sondern dass eher fundamentale Kriterien wie die Kreditprämie (zunehmendes Länderrisiko) zunehmend stark eingepreist wurden. Die Risiko-

---

[75] Weiterführende empirische Studien zu diesem Sachverhalt liefern Ejsing und Lemke (2011) sowie im Zusammenhang mit der EFSF Horvath und Huizinga (2011)

aversion begann mit zunehmender öffentlicher Aufmerksamkeit im April 2010 wieder merklich rapide anzusteigen, als vermehrt von Ansteckungseffekten durch die griechische Schuldenkrise gesprochen wurde.

Die Etablierung der EFSF bewirkte im Mai 2010 eine markante mittelfristige Trendumkehr der Risikoprämie, sodass eine Stabilisierung auf dem Niveau von Anfang 2010 erreicht werden konnte. Dies deutet darauf hin, dass die potentielle Ansteckungsgefahr durch die gemeinschaftlich etablierten Garantiemechanismen der EFSF im Kontext der Risikoprämie zumindest mittelfristig abgemildert werden konnten. Die restlichen Determinanten Kreditrisiko und Liquiditätsprämie scheinen durch die EFSF allerdings wenig beeinflusst worden zu sein und sich teils extrem ausgeweitet zu haben. Die Märkte konnten nach dieser Interpretation des Parameters für Risikoaversion zwar beruhigt werden, die Bestandteile Kreditrisiko und Liquiditätsprämie scheinen dennoch zeitgleich überproportionale negative Auswirkungen auf die Refinanzierungssätze ausgeübt zu haben, was wiederum in der Folge zu negativen Rückkoppelungseffekten auf die Risikoneigung der Anleger geführt hat. Landesspezifische Bonitätsüberlegungen innerhalb des Kreditrisikos haben zu starken Polarisationen der Zinsaufschläge innerhalb der EWU geführt. Die Ansteckungsgefahr konnte nach heutiger Erfahrung mittelfristig ebenso nicht eingedämmt werden.

Das nun folgende Conclusio schließt die Untersuchung ab. Inhaltlich werden die erarbeiteten Kapitel zusammengefasst und die Untersuchungsfrage mit den zur Verfügung stehenden Analyseergebnissen beantwortet. Zudem soll ein kurzer Ausblick gegeben werden, indem mögliche finanzpolitische Lösungsansätze angeführt werden.

5. CONCLUSIO

Den Umfang dieser Studie bildet die Schuldenkrise der Europäischen Währungsunion, die sich über zunehmenden Vertrauensverlust zu einer Stabilitätskrise ausweitete und bis dato andauert. Die Grundlagen dieser Krise wurden innerhalb dieser Studie einleitend und grundlegend im ersten Kapitel abgehandelt.

Der Fokus lag diesbezüglich nicht auf den einleitend erwähnten Auswirkungen der amerikanischen Finanzkrise. Es wurde vielmehr versucht, die der Europäischen Währungsunion innewohnenden Problemstellungen auszuweisen. So wurden einerseits die wirtschaftspolitisch eingesetzten Grundregeln, die Maastricht Kriterien, saldenmechanisch abgeleitet, wobei die Aufmerksamkeit konsequent auf Kennzahlen gerichtet wurde, die relativ oder absolut auf Schuldendaten beruhen. Andererseits wurde auf die Implikationen hingewiesen, die bei einem Zusammenschluss unterschiedlicher Staaten zu einer Währungsunion zu beachten sind. Hier wurde die „Theorie des optimalen Währungsraumes" auf die Europäische Währungsunion angewendet und eventuelle Abweichungen zu einem optimalen Währungsraum aufgezeigt.

Im darauf folgenden Kapitel wurden die Europäischen Stabilitätsmechanismen grundlegend und ausführlich erklärt. Neben dem EFSM ist die vom qualitativen und quantitativen Umfang her bei weitem größere temporäre EFSF das Kernelement der derzeitig etablierten europäischen wirtschaftspolitischen Antwort auf die Schuldenkrise. Demzufolge wurde besonderes Augenmerk auf die neu hinzugefügten Funktionalitäten und deren Auswirkungen auf die Finanzmärkte gelegt. Schlussendlich wird dieses Kapitel durch einen Anhang abgeschlossen, der vor allem politische, ökonomische und juristische Problemstellungen kritisch beleuchtet.

Der EFSF ist ein wirtschaftspolitisches Instrument, dessen Ziel es ist, eine nachhaltige stabile Lage auf den europäischen Refinanzierungsmärkten wiederherzustellen. Diese potentiell stabilitätsstiftenden Auswirkungen werden im Rahmen einer Analyse der Refinanzierungssätze und CDS Werte abgeleitet. Nach einer Identifikation und einer weiterführenden Kategorisierung der beeinflussenden Faktoren von Zins- und CDS Spreads wird anhand empirischer Literatur versucht, Effekte der EFSF auf die Finanzmärkte festzustellen und auszuwerten.
Die vorgegebene Problemstellung der Untersuchung war schließlich, inwiefern sich die bisher erfolgten Implementierungsphasen der Europäischen Stabilitätsmechanismen auf die Stabilität der Europäischen Währungsunion insgesamt und auf die Refinanzierungskosten einzelner stark betroffener Länder der Bonitätskrise im Besonderen auswirken.

Die Antwort auf diese Fragestellung kann nach erfolgter Analyse aus ökonomischer Sicht nur aus sehr kurzfristiger Sicht über die vermeintlichen Ankündigungseffekte positiv beantwortet werden; die Krise dauert unvermindert an und selbst die Ansteckungsgefahr, die kurzfristig abgeschwächt worden zu sein schien, ist nunmehr unvermindert evident. Nach erweiterter Funktionalität ist durchaus eine potentiell positive Wirkung über den Kanal der Liquiditätsprämien denkbar, diese konnten allerdings innerhalb der verwendeten empirischen Literatur nicht nachgewiesen werden. Ein Grund hierfür mag in einem allgemeinen Erschwernis dieser verfassten Studie liegen: der Aktualität des gewählten Themas. So wären die genannten Auswirkungen auf den Primär- und Sekundärmärkten theoretisch erst ab den im Oktober erfolgten Modifikationen denkbar. <u>Nach erfolgter Datenauswertung und Analyse sowie Zusammenführung von empirischen Studien kann keinesfalls behauptet werden, dass die EFSF ihr selbst zu Grunde gelegtes Ziel einer Stabilisierung der europäischen Refinanzierungsmärkte erfüllt hat.</u> Vielmehr scheint dieser Garantiemechanismus derzeit aufgrund seiner speziellen Konstruktion über Garantien und Haftungen zunehmend einen Dominoeffekt auszulösen. Nachdem im Sommer 2012 Spanien und Zypern um Hilfe der EFSF ansuchen mussten, verliert die EFSF einen weiteren großen Garantiegeber, der quasi die Seite wechselt und dessen Garantiesumme nicht weiter zur Verfügung steht. Falls aus finanzpolitischer Sicht in diesem Zusammenhang ein Entgegenkommen der EFSF zustande kommt, und nur indirekt das spanische Bankensystem gestützt wird, ohne den beteiligten Staat Spanien die festgeschriebenen Stabilisierungsprogramme und Kontrollbefugnisse abzuringen, ist zudem die Glaubwürdigkeit des Stabilitätsmechanismus gefährdet.

Ein erwähnenswerter Effekt konnte über die kurzfristige Wirkung der Ankündigungseffekte abgeleitet werden. Im Gegensatz zu den Reaktionen der Refinanzierungssätze war die Richtung der Änderungen der CDS Werte an den definierten Eventfenstern eindeutig fallend. Die EFSF steht mit rund € 750 Mrd. Garantievolumina für annähernd 10 v.H. der kumulierten Schulden der Eurozone. Obwohl eine gemeinsame Haftung für Schulden der Mitgliedsländer untereinander vertraglich ausgeschlossen wird, wurde die Garantiestruktur der EFSF als solche von den Finanzmärkten aufgenommen – ein Poolen der Kreditausfallwahrscheinlichkeit führte zu einer Bonitätssteigerung der gesamten Währungsunion.

Dies führt zu einem Ausblick, der hier kurz aus Sicht des Autors gegeben werden soll. Ein positiver Aspekt der Schuldenkrise ist die Beschleunigung der finanzpolitischen und fiskalen Zusammenarbeit auf europäischer Ebene, die nach Meinung des Autors die Zukunft der europäischen Gemeinschaft maßgeblich prägen wird. Verschiedene Ansätze wie Schuldenfonds, Schuldenbremsen wie der EU Fiskalpakt oder Eurobonds werden in naher Zukunft implementiert werden müssen, um den Erhalt einer Gemeinschaftswährung zu gewährleisten.

Ein weiterer Ausblick auf die Wirksamkeit der EFSF und dem folgenden ESM hängt von vielen Faktoren ab und ist daher schwer abzuschätzen. Das Ziel dieser Studie war es, die ökonomischen Auswirkungen der Stabilitätsmechanismen auf die Finanzmärkte zu beschreiben. Der maßgeblich beeinflussende politische Faktor, der durch seine Idiosynkrasie den Finanzmärkten nachfolgt, hat es bisher nicht geschafft, sich aus einer aufgezwungenen passiven reaktiven Haltung zu befreien und wieder eine gestaltende Rolle einzunehmen. Nach Meinung des Autors trugen die nicht nachhaltigen Reaktionen der finanzpolitischen Entscheidungsgremien allerdings wesentlich dazu bei, dass die Krise sich weiter vertiefen und selbstverstärkende Effekte sowie Ansteckungsgefahr die Finanzmärkte weiter destabilisieren konnten.

LITERATURVERZEICHNIS

Afonso, A.; Furceri, D.; Gomes, P. (2011): 'Sovereign Credit Ratings and Financial Markets Linkages – Application to European Data', Working Paper Series, Nr. 1347, Europäische Zentralbank

Alper, E.; Forni, L.; Gerard, M. (2012): 'Pricing of Sovereign Credit Risk: Evidence from Advanced Economies during the Financial Crisis, IMF Working Papers Nr. 12/24, Washington DC

Andritzky, J. (2006): 'Sovereign Default Risk Valuation', Dissertation, University of St. Gallen, Springer Berlin Heidelberg

Antoniadis, A. (2010): 'Debt Crisis as a Global Emergency: The European Economic Constitution and other Greek Fables' in: The European Union and Global Emergencies: A Law and Policy Analysis, Hart Publishing

Amtenbrink, F. (2011): ‚Legal Developments' in: Journal of Common Market Studies, Vol. 49, Blackwell Publishing, Oxford

Bäcker, A. (1998): 'Politische und ökonomische Länderrisiken' in: Internationale Wirtschaftspolitik Nr. 2, G + B Verlag Fakultas

Belke, A. H. (2010): 'The Euro Area Crisis Management Framework – Consequences and Institutional Follow-Ups, Ruhr Economic Paper Nr. 207, DIW Berlin

Cataquet, H. (1985): 'Country Risk Analysis: Art, Science, Socery?' in: Beihefte zu Kredit und Kapital Nr. 8

Christoffel, K.; Jaccard, I.; Kilponen, J. (2011): 'Government Risk Premia and the Cyclicality of Fiscal Policy', Working Paper Series Nr. 1411; Europäische Zentralbank, Frankfurt

De Santis, R.A (2012): ‚The Euro Area Debt Crisis: Safe Haven, Credit Rating, Agencies and the Spread of the Fever from Greece, Ireland and Portugal', Working Paper Series Nr. 1419, Europäische Zentralbank, Frankfurt

Deutsche Bundesbank (2011): 'Renditedifferenzen von Staatsanleihen im Euro- Raum' in: Monatsbericht Juni 2011, Frankfurt am Main

Deutsche Bundesbank (2008): ‚Konstruktion eines aggregierten Risikoappetit - Indikators mit einer Hauptkomponentenanalyse' in: Monatsbericht August 2008, Frankfurt am Main

Dieckmann, S. (2012): ‚The Announcement Effect of the EFSF', Wharton Finance Department, University of Pennsylvania

Domar, E. (1944): 'The Burden of Debt and the National Income' in: The American Economic Review Nr. 34

Dötz, N.; Fischer, C. (2010): ‚What can EMU Countries Sovereign Bond Spreads tell us about Market Perceptions of Default Probabilities during the recent Financial Crisis?' in: Diskussionspapier des Forschungszentrums der Deutschen Bundesbank, Nr. 11, Frankfurt am Main

Dunne, P.; Moore, M.; Portes, R. (2007): 'Benchmark Status in Fixed Income Asset Markets' in: Journal of Business Finance and Accounting Nr. 34,

EFSF a (2010): 'Articles of Incorporation', efsf.europa.eu/about/legal-documents, Luxemburg

EFSF b (2010): 'EFSF Framework Agreement', efsf.europa.eu/about/legal-documents, Luxemburg

EFSF c (2010): 'An Introduction to the European Financial Stability Facility', EFSF, Luxemburg

EFSF d (2011): 'Guideline on Precautionary Programmes', efsf.europa.eu/about/legal-documents, Luxemburg

EFSF e (2011): 'Terms of Reference Maximising the Capacity', efsf.europa.eu/about/legal-documents, Luxemburg

EFSF f (2011): 'Guideline on Primary Market Purchases', efsf.europa.eu/about/legal-documents, Luxemburg

EFSF g (2011): 'Guideline on Interventions in the Secondary Market', efsf.europa.eu/about/legal-documents, Luxemburg

Eichengreen, B. (2012): 'European Monetary Integration with Benefit of Hindsight' in: Journal of Common Market Studies, Blackwell Publishing, Oxford

Europäische Kommission a (2010): 'Verordnung Nr. 407/2010 des Rates vom 11. Mai 2010 zur Einführung eines europäischen Finanzstabilisierungsmechanismus' in: Amtsblatt Nr. L 118

Europäische Kommission b (2010): 'Communication from the Commission to the Council and the Economic and Financial Committee on the EFSM', Brüssel

Europäische Kommission (2011): 'Statement by the Heads of State or Government of the Euro Area', Brüssel

Europäische Zentralbank (2010): 'Monthly Bulletin 05 / 2010', Frankfurt am Main

Gantner, Claudia (2011): 'Vergleichende Analyse der Ratingsysteme für Banken und Finanzdienstleister der drei Ratingagenturen Moody's, Fitch und Standard & Poors', Diplomarbeit, Wirtschaftsuniversität Wien

Gerlach, S.; Schulz, A.; Wolff, G.B. (2010): 'Banking and Sovereign Risk in the Euro Area' in: Diskussionspapier des Forschungszentrums der Deutschen Bundesbank, Reihe 1 Nr. 9

Gros, D.; Mayer, T. (2011): 'Debt Reduction Without Default?' in: CEPS Policy Brief Nr. 233

Häde, U. (2009): 'Haushaltsdisziplin und Solidarität im Zeichen der Finanzkrise', in: Europäische Zeitschrift für Wirtschaftsrecht

Horvath, B.; Huizinga, H. (2011): 'Does the European Financial Stability Facility bail out Sovereigns or Banks?', CEPR Discussion Paper Nr. 8661

Internationaler Währungsfonds (2010): ‚Fiscal Exit – from Strategy to Implementation' in: Fiscal Monitor, World Economic Surveys, Washington DC

Issing, O. (2008): ‚Der Euro – Geburt Erfolg Zukunft', Vahlen, München

Kochalumottil, B. (2002): 'Verfahren, Methoden und neue Ansätze zur Beurteilung von Länderrisiken', Wirtschaftspolitische Forschungsarbeiten der Universität Köln Nr. 42

Landesbank Baden - Würtemberg (2012): ‚European Financial Stability Facility – Financial Issuer Profile', Department for Credit Research, Stuttgart

Masera, R. (2011): ‚Taking Moral Hazard out of Banking: The next fundamental step in Financial Reform' in: PSL Quarterly Review, Vol. 64 Nr. 257

Nettesheim, M. (2011): 'Finanzkrise, Staatshilfen und "Bail-Out"-Verbot' in: Europarecht, Heft 4,

Nowotny, E.; Zagler, M. (2009): ‚Der öffentliche Sektor – Einführung in die Finanzwissenschaft', Springer, Berlin

Pape, U.; Schlecker, M. (2008): ‚Berechnung des Credit Spread' in: Finanz Betrieb, Nr. 10

Sachverständigenrat zur Begutachtung der gesamtwirtschaftlichen Entwicklung (2011): ‚Euro Raum in der Krise' in: Jahresgutachten 2011/ 2012, Statistisches Bundesamt, Wiesbaden

Sibert, A. (2010): 'The EFSM and the EFSF: Now and what follows', Directorate General for Internal Policies, European Parliament, Strassburg

Terlau, W. (2004): ‚Vergleichende Analyse der europäischen und amerikanischen Geldpolitik' in: Volkswirtschaftliche Schriftenreihe, Band 31, LIT Verlag, Münster

Weiß, M. (2010): ‚Zur Geldpolitik im Euro – Währungsraum: Auswirkungen und Ursachenanalyse von Inflationsunterschieden', Duncker & Humblot, Berlin

ANHANG

Verschuldungsdaten der Eurozone (Finanzierungssaldo): deskriptive Statistik für die Jahre 2007 bis 2011; obere 10 Werte fett hervorgehoben, Median, gereihter Durchschnitt; (Datenquelle: Eurostat):

Finanzierungssaldo des Staates % BIP im Rahmen des Verfahrens bei einem übermässigen Defizit

Aggregat bzw. Staat / Jahr	2007	2008	2009	2010	2011	Median	Durchschnitt
Euroraum (17 Länder)	-0,7	-2,1	-6,4	-6,2	-4,1	-4,1	-3,9
Belgien	-0,3	-1,3	-5,6	-3,8	-3,7	-3,7	-2,9
Deutschland	0,2	-0,1	-3,2	-4,3	-1,0	-1,0	-1,7
Estland	**2,4**	-2,9	-2,0	0,2	**1,0**	0,2	-0,3
Irland	0,1	-7,3	-14,0	-31,2	-13,1	-13,1	-13,1
Griechenland	-6,5	-9,8	-15,6	-10,3	-9,1	-9,8	-10,3
Spanien	**1,9**	-4,5	-11,2	-9,3	-8,5	-8,5	-6,3
Frankreich	-2,7	-3,3	-7,5	-7,1	-5,2	-5,2	-5,2
Italien	-1,6	-2,7	-5,4	-4,6	-3,9	-3,9	-3,6
Zypern	**3,5**	**0,9**	-6,1	-5,3	-6,3	-5,3	-2,7
Luxemburg	**3,7**	**3,0**	-0,8	-0,9	-0,6	-0,6	0,9
Malta	-2,4	-4,5	-3,8	-3,7	-2,7	-3,7	-3,4
Niederlande	0,2	**0,5**	-5,6	-5,1	-4,7	-4,7	-2,9
Österreich	-0,9	-0,9	-4,1	-4,5	-2,6	-2,6	-2,6
Portugal	-3,1	-3,6	-10,2	-9,8	-4,2	-4,2	-6,2
Slowenien	0,0	-1,9	-6,1	-6,0	-6,4	-6,0	-4,1
Slowakei	-1,8	-2,1	-8,0	-7,7	-4,8	-4,8	-4,9
Finnland	**5,3**	**4,3**	-2,5	-2,5	-0,5	-0,5	0,8

Verschuldungsdaten der Eurozone (Bruttoschulden in % BIP): deskriptive Statistik für die Jahre 2007 bis 2011; Werte farbig gereiht hervorgehoben (Datenquelle: Eurostat):

Aggregat bzw. Staat / Jahr	2007	2008	2009	2010	2011	absolute Reihung				
EU 17	66,3	70,1	79,9	85,3	87,2	3	3	3	3	5
Belgien	84,1	89,3	95,8	96	98	3	3	3	3	3
Deutschland	65,2	66,7	74,4	83	81,2	18	18	18	18	18
Estland	3,7	4,5	7,2	6,7	6	6	7	7	6	7
Irland	24,8	44,2	65,1	92,5	108,2	15	12	10	5	3
Griechenland	107,4	113	129,4	145	165,3	1	1	1	1	1
Spanien	36,2	40,2	53,9	61,2	68,5	12	13	13	13	12
Frankreich	64,2	68,2	79,2	82,3	85,8	7	6	6	7	6
Italien	103,1	105,7	116	118,6	120,1	2	2	2	2	2
Zypern	58,8	48,9	58,5	61,5	71,6	10	11	12	12	11
Luxemburg	6,7	13,7	14,8	19,1	18,2	17	17	17	17	17
Ungarn	67	73	79,8	81,4	80,6	5	4	5	5	8
Malta	62,1	62,3	68,1	69,4	72	8	9	9	10	10
Niederlande	45,3	58,5	60,8	62,9	65,2	11	10	11	11	13
Österreich	60,2	63,8	69,5	71,9	72,2	9	8	8	9	9
Portugal	68,3	71,6	83,1	93,3	107,8	4	5	4	4	4
Slowenien	23,1	21,9	35,3	38,8	47,6	16	16	16	16	15
Slowakei	29,6	27,9	35,6	41,1	43,3	14	15	15	15	16
Finnland	35,2	33,9	43,5	48,4	48,6	13	14	14	14	14

konsolidierte Bruttoschulden der Eurozonenmitglieder in % des BIP

Finanzierungssaldo (in % des BIP) ausgewählter europäischer Staaten in Kombination mit dem zehnjährigen Durchschnitt (Quelle: Fathom Consulting, Data: Datastream, Europäische Kommission):

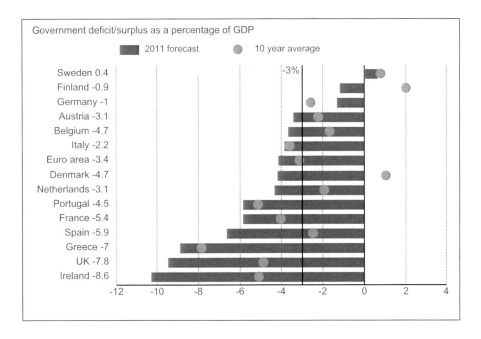

Standardskala für langfristige Ratings: (Quelle: Gantner, - in Anlehnung an Moody's Investor Service 2010a, S&P 2010 und Fitch Ratings 2011b):

	Moody's	Fitch	S&P	
Investmentgrade	Aaa	AAA	AAA	Höchste Qualität; minimales Kreditrisiko; wird nur in Fällen von außergewöhnlich starker Fähigkeit, seine finanziellen Verpflichtungen zu erfüllen, erteilt; es ist höchst unwahrscheinlich, dass diese Fähigkeit durch vorhersehbare Ereignisse gestört wird.
	Aa	AA	AA	Sehr hohe Qualität; sehr geringes Kreditrisiko; Fähigkeit, seine finanziellen Verpflichtungen zu erfüllen ist sehr stark; diese Fähigkeit ist nicht sehr stark durch vorhersehbare Ereignisse gefährdet.
	A	A	A	Obere Mittelklasse bzw. hohe Qualität; geringes Kreditrisiko; Fähigkeit, seine finanziellen Verpflichtungen zu erfüllen ist stark; diese Fähigkeit ist durch bestimmte geschäftliche oder wirtschaftliche Bedingungen gefährdet
	Baa	BBB	BBB	Mittlere bzw. gute Qualität; moderates Kreditrisiko; es sind mitunter gewisse spekulative Elemente vorhanden; seine Fähigkeit, finanziellen Verpflichtungen zu erfüllen, ist durch bestimmte geschäftliche oder wirtschaftliche Bedingungen stärker gefährdet.
Speculative Grade	Ba	BB	BB	Spekulativ; erhebliches Kreditrisiko; Fähigkeit, seine finanziellen Verpflichtungen zu erfüllen ist ausreichend; diese Fähigkeit ist durch bestimmte geschäftliche oder wirtschaftliche Bedingungen sehr stark gefährdet.
	B	B	B	Sehr spekulativ; hohes Kreditrisiko, beschränkte Bandbreite an Sicherheit; Fähigkeit, seine finanziellen Verpflichtungen zu erfüllen, ist gegenwärtig gegeben, jedoch sind künftige Zahlungen durch Verschlechterung des geschäftlichen oder wirtschaftlichen Umfelds gefährdet.
	Caa	CCC	CCC	geringe Qualität, sehr hohes Kreditrisiko; Fähigkeit, seine gegenwärtigen finanziellen Verpflichtungen zu erfüllen, ist gefährdet und von günstigen geschäftlichen und wirtschaftlichen Bedingungen abhängig; Ausfall ist möglich
	Ca	CC	CC	hochgradig spekulativ; Zahlungsausfall ist möglicherweise bereits eingetreten (Moody's) oder ist sehr wahrscheinlich; gewisse Aussichten auf Zins- und/oder Kapitalrückzahlungen bestehen; Fähigkeit, seine gegenwärtigen finanziellen Verpflichtungen zu erfüllen, ist stark gefährdet.

C	C	C	Ein Zahlungsausfall ist in der Regel eingetreten (Moody's); oder steht unmittelbar bevor; es bestehen geringe Aussichten auf Zins- und/oder Kapitalrückzahlungen; außergewöhnlich hohes Kreditrisiko.
	(RD/D)	(SD)/D	Genereller oder selektiver Ausfall; Insolvenzantrag wurde möglicherweise bereits gestellt
1,2,3 im Bereich Aa bis Caa	+/- im Bereich AA bis B	+/- im Bereich AA bis CCC	Zusätzliche Feinabstufunen für die Kennzeichnung der Zugehörigkeit ins obere, mittlere oder untere Drittel einer Ratingstufe

Chronologischer Ablauf der Sitzungen der unterschiedlichen EU Gremien
(Data: Sachverständigenrat, Erweiterung um Dieckmann; fett hervorgehobene Daten in Regression enthalten):

Datum	Agierendes Gremium	
11. Februar 2010	Europäischer Rat	Mitgliedsländer des Euro-Raums sagen Griechenland politische Unterstützung zu. Falls notwendig, würden Maßnahmen zur Sicherung der Finanzstabilität im Euro-Raum ergriffen werden
15. März 2010	Euro-Gruppe	Diskussion über Perspektiven Griechenlands
25. März 2010	Europäischer Rat	Zur Sicherung der Finanzstabilität und der gemeinsamen Währung sind finanzielle Hilfen für Griechenland erforderlich: Falls keine ausreichende Kapitalmarktfinanzierung zu erreichen ist, sollen - unter strengen Auflagen und ohne Subventionselemente - bilaterale Kredite in Verbindung mit dem IWF gewährt werden
11. April 2010	Euro-Gruppe	Verabschiedung von Eckpunkten eines Hilfspakets für Griechenland in Höhe von 110 Mrd Euro; 30 Mrd Euro via bilateralen Krediten
23. April 2010	Griechische Regierung	Beantragung finanzieller Unterstützung wegen drohender Zahlungsunfähigkeit
2. Mai 2010	EU-Kommission, EZB	Zustimmung der Euro-Gruppe zum internationalen Hilfspaket für Griechenland
7. Mai 2010	Europäischer Rat	Staats- und Regierungschefs beschließen Hilfspaket für Griechenland
9. Mai 2010	ECOFIN	Beschluss eines Europäischen Rettungsschirms mit einem Volumen von rund 500 Mrd Euro
9. Mai 2010	EZB	Beginn des Ankaufs von Staatsanleihen im Rahmen des Securities Markets Programme (SMP)
21. Mai 2010	Deutscher Bundestag, Bundesrat	Deutschland stimmt als erstes Land dem Europäischen Rettungsschirm zu

7. Juni 2010	Euro-Gruppe	Europäische Finanzstabilisierungsfazilität (EFSF) wird in Luxemburg gegründet
20. September 2010	Ratingagenturen	FitchRatings, Moody's und S & P verleihen dem EFSF Triple A Status
29. September 2010	EU-Kommission	Vorschläge zur Stärkung des Euro-Stabilitätspakts
28. Oktober 2010	Europäischer Rat	Dauerhafter Krisenmechanismus zum Schutz des Euro soll eingeführt werden
21. November 2010	Irische Regierung	Beantragung finanzieller Hilfen über die EFSF
28. November 2010	ECOFIN	Ecofin Minister reagieren positiv auf Irische Ansuchen. Das Volumen des EFSF Programmes beträgt 85 Mrd. Euro
16. Dezember 2010	Europäischer Rat	Einigung auf Änderung des EU-Vertrags, um ESM implementieren zu können
16. Dezember 2010	EZB	Beschluss, das Grundkapital der EZB zu verdoppeln
17. Dezember 2010	ECOFIN	Ecofin Minister beschließen die Fortführung der temporären EFSF durch den permanenten ESM
15. März 2011	ECOFIN	Einigung über eine Verschärfung des Stabilitäts- und Wachstumspakts auf Grundlage des "Six-Packs"
7. April 2011	Portugiesische Regierung	Portugal stellt ein formales Hilfsansuchen an die EFSF
17. Mai 2011	ECOFIN	Ecofin Minister stellen Finanzhilfe über die EFSF zur Verfügung. Umfang der EFSF Leistungen: bis zu 78 Mrd. Euro
24. Juni 2011	Europäischer Rat	Erweiterung der EFSF Kompetenzen, Erweiterung der Garantiesumme auf 780 Mrd. Euro
21. Juli 2011	Europäischer Rat	Zusätzliche Erweiterung der EFSF um Sekundärmarktoperationen und Bankenhilfe. Ein zweites

		Finanzprogramm für GRE wird beschlossen
27. Oktober 2011	EU- Kommission	Offizielle Ankündigung der Kommission, dass die Eurozonenmitglieder erwägen, die Kapazität des EFSF auf bis zu 1.000 Mrd. auszuweiten, Etablierung der Versicherungslösung mit Ausfallszertifikaten

Stabilitätskrise der EWU: Chronologische Abfolge anhand abgehaltener Sitzungen auf EU Ebene

Geographische Aufteilung der Investoren bei EFSM Emissionen (Data: Europäische Kommission, Eigenberechnung):

GEOGRAPHISCHE AUFTEILUNG AUF LÄNDERBASIS

Emission	Emission (EUR)	UK	CH	FR	ASIA	ITA	BENELUX	GER/AUT	NORDICS	AMERICAS	other EU	OTHER
25.02.2009	1.000.000.000	22,00%	15,00%	13,00%	11,00%	11,00%	11,00%	8,00%	6,00%	2,00%	0,00%	1,00%
26.03.2009	2.000.000.000	10,40%	16,60%	10,80%	6,20%	11,80%	14,10%	19,40%	9,20%	0,00%	0,00%	1,40%
27.07.2009	2.700.000.000	21,00%	10,00%	5,00%	7,00%	9,00%	0,00%	22,00%	0,00%	2,00%	21,00%	3,00%
12.01.2011	5.000.000.000	16,50%	10,50%	7,00%	21,50%	0,00%	9,00%	15,50%	8,50%	6,00%	4,50%	1,00%
06.07.2009	1.500.000.000	10,00%	2,00%	18,00%	7,00%	4,00%	6,00%	32,00%	3,00%	0,00%	17,00%	1,00%
01.06.2011	4.750.000.000	17,00%	0,00%	11,00%	16,00%	0,00%	4,00%	14,00%	12,00%	5,00%	12,00%	9,00%
22.09.2010	1.150.000.000	23,00%	7,00%	9,00%	2,00%	3,00%	14,00%	31,00%	5,00%	0,00%	0,00%	8,00%
24.03.2011	4.600.000.000	29,40%	5,00%	9,40%	11,10%	0,00%	7,90%	15,80%	7,50%	6,00%	3,60%	4,30%
06.10.2011	1.100.000.000	14,00%	0,00%	5,00%	27,00%	2,50%	3,00%	17,00%	13,00%	3,00%	4,00%	11,50%
10.03.2010	1.500.000.000	7,50%	17,00%	11,50%	8,50%	3,50%	10,50%	36,00%	2,00%	0,00%	0,00%	3,50%
31.05.2011	4.750.000.000	15,00%	0,00%	23,00%	25,00%	0,00%	9,00%	15,00%	7,00%	2,00%	3,00%	1,00%
21.09.2011	5.000.000.000	17,00%	4,00%	23,00%	12,00%	0,00%	9,00%	22,00%	7,00%	2,00%	4,00%	0,00%
04.05.2012	2.700.000.000	17,00%	5,00%	13,00%	6,00%	0,00%	8,00%	28,00%	9,00%	5,00%	8,00%	1,00%
29.09.2011	4.000.000.000	12,00%	0,00%	16,00%	7,00%	0,00%	16,00%	34,00%	12,00%	0,00%	2,00%	1,00%
05.03.2012	3.000.000.000	30,00%	4,00%	0,00%	3,00%	5,00%	7,00%	48,00%	0,00%	0,00%	3,00%	0,00%
24.04.2012	1.800.000.000	14,00%	2,00%	0,00%	0,00%	0,00%	2,00%	74,00%	5,00%	0,00%	3,00%	0,00%
16.01.2012	3.000.000.000	13,00%	4,00%	0,00%	0,00%	0,00%	8,00%	70,00%	0,00%	0,00%	4,00%	1,00%

absolut	UK	CH	FR	ASIA	ITA	BENELUX	GER/AUT	NORDICS	AMERICAS	other EU	OTHER
	220.000.000	150.000.000	130.000.000	110.000.000	110.000.000	110.000.000	80.000.000	60.000.000	20.000.000	0	10.000.000
	208.000.000	332.000.000	216.000.000	124.000.000	236.000.000	282.000.000	388.000.000	184.000.000	0	0	28.000.000
	567.000.000	270.000.000	135.000.000	189.000.000	243.000.000	0	594.000.000	0	54.000.000	567.000.000	81.000.000
	825.000.000	525.000.000	350.000.000	1.075.000.000	0	450.000.000	775.000.000	425.000.000	300.000.000	225.000.000	50.000.000
	150.000.000	30.000.000	270.000.000	105.000.000	60.000.000	90.000.000	480.000.000	45.000.000	0	255.000.000	15.000.000
	807.500.000	0	522.500.000	760.000.000	0	190.000.000	665.000.000	570.000.000	237.500.000	570.000.000	427.500.000
	264.500.000	80.500.000	103.500.000	23.000.000	34.500.000	161.000.000	356.500.000	57.500.000	0	0	92.000.000
	1.352.400.000	230.000.000	432.400.000	510.600.000	0	363.400.000	726.800.000	345.000.000	276.000.000	165.600.000	197.800.000
	154.000.000	0	55.000.000	297.000.000	27.500.000	33.000.000	187.000.000	143.000.000	33.000.000	44.000.000	126.500.000
	112.500.000	255.000.000	172.500.000	127.500.000	52.500.000	157.500.000	540.000.000	30.000.000	0	0	52.500.000
	712.500.000	0	1.092.500.000	1.187.500.000	0	427.500.000	712.500.000	332.500.000	95.000.000	142.500.000	47.500.000
	850.000.000	200.000.000	1.150.000.000	600.000.000	0	450.000.000	1.100.000.000	350.000.000	100.000.000	200.000.000	0
	459.000.000	135.000.000	351.000.000	162.000.000	0	216.000.000	756.000.000	243.000.000	135.000.000	216.000.000	27.000.000
	480.000.000	0	640.000.000	280.000.000	0	640.000.000	1.360.000.000	480.000.000	0	80.000.000	40.000.000
	900.000.000	120.000.000	0	90.000.000	150.000.000	210.000.000	1.440.000.000	0	0	90.000.000	0
	252.000.000	36.000.000	0	0	0	36.000.000	1.332.000.000	90.000.000	0	54.000.000	0
	390.000.000	120.000.000	0	0	0	240.000.000	2.100.000.000	0	0	120.000.000	30.000.000
Summe	8.704.400.000	2.483.500.000	5.620.400.000	5.640.600.000	913.500.000	4.056.400.000	13.592.800.000	3.355.000.000	1.250.500.000	2.729.100.000	1.224.800.000

relative Anteile	UK	CH	FR	ASIA	ITA	BENELUX	GER/AUT	NORDICS	AMERICAS	other EU	OTHER
	18	5	11	11	2	8	27	7	3	6	2

Europa	84	Rest der Welt	16

Funktionale Aufteilung der Investoren bei EFSM Emissionen (Data: Europäische Kommission, Eigenberechnung):

Emission	Amount issued (EUR)	Funktionale Einteilung					
		Fund Managers	Banks	Insurance Pension	CBs/ Official Institutions	PrvBanks/ Retail/ Corp	Others
25.02.2009	1.000.000.000	30,90%	24,40%	22,50%	14,00%	8,10%	0,00%
26.03.2009	2.000.000.000	26,50%	30,80%	18,70%	7,50%	16,50%	0,00%
27.07.2009	2.700.000.000	32,00%	45,00%	9,00%	13,00%	0,00%	1,00%
12.01.2011	5.000.000.000	24,50%	22,00%	12,00%	38,50%	3,00%	0,00%
06.07.2009	1.500.000.000	33,00%	27,00%	15,00%	22,00%	0,00%	1,00%
01.06.2011	4.750.000.000	25,00%	32,00%	6,00%	36,60%	1,00%	0,00%
22.09.2010	1.150.000.000	43,00%	32,00%	12,00%	9,00%	2,00%	2,00%
24.03.2011	4.600.000.000	36,20%	35,70%	7,90%	17,60%	0,00%	2,60%
06.10.2011	1.100.000.000	25,00%	24,00%	15,00%	35,00%	0,00%	1,00%
10.03.2010	1.500.000.000	28,00%	31,50%	21,50%	15,50%	3,00%	0,50%
31.05.2011	4.750.000.000	27,00%	20,00%	23,00%	23,00%	7,00%	0,00%
21.09.2011	5.000.000.000	21,00%	56,00%	5,00%	17,00%	1,00%	0,00%
04.05.2012	2.700.000.000	38,00%	18,00%	23,00%	18,00%	0,00%	3,00%
29.09.2011	4.000.000.000	38,00%	20,00%	28,00%	13,00%	1,00%	0,00%
05.03.2012	3.000.000.000	32,00%	19,00%	32,00%	13,00%	4,00%	0,00%
24.04.2012	1.800.000.000	21,00%	5,00%	69,00%	4,00%	0,00%	1,00%
16.01.2012	3.000.000.000	43,00%	6,00%	49,00%	1,00%	0,00%	1,00%

	Fund Managers	Banks	Insurance Pension	CB/ Official Institutions	PrvBanks/ Retail/ Corp	Others
absolut	309.000.000	244.000.000	225.000.000	140.000.000	81.000.000	0
	530.000.000	616.000.000	374.000.000	150.000.000	330.000.000	0
	864.000.000	1.215.000.000	243.000.000	351.000.000	0	27.000.000
	1.225.000.000	1.100.000.000	600.000.000	1.925.000.000	150.000.000	0
	495.000.000	405.000.000	225.000.000	330.000.000	0	15.000.000
	1.187.500.000	1.520.000.000	285.000.000	1.738.500.000	47.500.000	0
	494.500.000	368.000.000	138.000.000	103.500.000	23.000.000	23.000.000
	1.665.200.000	1.642.200.000	363.400.000	809.600.000	0	119.600.000
	275.000.000	264.000.000	165.000.000	385.000.000	0	11.000.000
	420.000.000	472.500.000	322.500.000	232.500.000	45.000.000	7.500.000
	1.282.500.000	950.000.000	1.092.500.000	1.092.500.000	332.500.000	0
	1.050.000.000	2.800.000.000	250.000.000	850.000.000	50.000.000	0
	1.026.000.000	486.000.000	621.000.000	486.000.000	0	81.000.000
	1.520.000.000	800.000.000	1.120.000.000	520.000.000	40.000.000	0
	960.000.000	570.000.000	960.000.000	390.000.000	120.000.000	0
	378.000.000	90.000.000	1.242.000.000	72.000.000	0	18.000.000
	1.290.000.000	180.000.000	1.470.000.000	30.000.000	0	30.000.000
Summe	14.971.700.000	13.722.700.000	9.696.400.000	9.605.600.000	1.219.000.000	332.100.000

	Fund Managers	Banks	Insurance Pension	CB/ Official Institutions	PrvBanks/ Retail/ Corp	Others
relative Anteile	30	28	20	19	2	1

Anteile der Euro - Mitgliedsländer vor und nach der EFSF Ausweitung
(Data: EFSF, Eigenberechnung):

ursprüngliches Setup EFSF (Garantievolumen 440 Mrd - 120 % Übersicherung)

Mitgliedsstaat	EZB Kapitalschlüssel	EFSF Schlüssel	EFSF Mittel	EFSF Überfinanzierung
Bundesrepublik Deutschland	18,9373	27,065%	119.084.680.000	19.847.446.667
Republik Frankreich	14,2212	20,325%	89.428.240.000	14.904.706.667
Republik Italien	12,4966	17,860%	78.583.120.000	13.097.186.667
Königreich Spanien	8,304	11,868%	52.218.760.000	8.703.126.667
Königreich der Niederlande	3,9882	5,700%	25.079.120.000	4.179.853.333
Königreich Belgien	2,4256	3,467%	15.253.040.000	2.542.173.333
Griechische Republik	1,9649	2,808%	12.356.080.000	2.059.346.667
Republik Österreich	1,9417	2,775%	12.210.000.000	2.035.000.000
Republik Portugal	1,7504	2,502%	11.007.040.000	1.834.506.667
Republik Finnland	1,2539	1,792%	7.884.800.000	1.314.133.333
Irland	1,1107	1,587%	6.984.560.000	1.164.093.333
Republik Slowakei	0,6934	0,991%	4.360.400.000	726.733.333
Republik Slowenien	0,3288	0,470%	2.067.560.000	344.593.333
Republik Estland	0,179	0,256%	1.125.520.000	187.586.667
Großherzogtum Luxemburg	0,1747	0,250%	1.098.680.000	183.113.333
Republik Zypern	0,1369	0,196%	861.080.000	143.513.333
Republik Malta	0,0632	0,090%	397.320.000	66.220.000

Step Out Guarantors: Griechenland, Irland, Portugal

* Näherungswert inklusive eingezahltem Kapital

Garantievolumina	eff.Kreditsumme*
440.000.000.000	367.000.000.000
403.582.784.000	336.000.000.000

erweitertes Setup EFSF (Garantievolumen 780 Mrd - bis zu 165 % Übersicherung)

Mitgliedsstaat	EZB Kapitalschlüssel	EFSF Schlüssel	EFSF Mittel	EFSF Überfinanzierung
Bundesrepublik Deutschland	18,9373	27,065%	211.104.660.000	83.162.441.818
Republik Frankreich	14,2212	20,325%	158.531.880.000	62.451.952.727
Republik Italien	12,4966	17,860%	139.306.440.000	54.878.294.545
Königreich Spanien	8,304	11,868%	92.569.620.000	36.466.820.000
Königreich der Niederlande	3,9882	5,700%	44.458.440.000	17.513.930.909
Königreich Belgien	2,4256	3,467%	27.039.480.000	10.651.916.364
Griechische Republik	1,9649	2,808%	21.903.960.000	8.628.832.727
Republik Österreich	1,9417	2,775%	21.645.000.000	8.526.818.182
Republik Portugal	1,7504	2,502%	19.512.480.000	7.686.734.545
Republik Finnland	1,2539	1,792%	13.977.600.000	5.506.327.273
Irland	1,1107	1,587%	12.381.720.000	4.877.647.273
Republik Slowakei	0,6934	0,991%	7.729.800.000	3.045.072.727
Republik Slowenien	0,3288	0,470%	3.665.220.000	1.443.874.545
Republik Estland	0,179	0,256%	1.995.240.000	786.003.636
Großherzogtum Luxemburg	0,1747	0,250%	1.947.660.000	767.260.000
Republik Zypern	0,1369	0,196%	1.526.460.000	601.332.727
Republik Malta	0,0632	0,090%	704.340.000	277.467.273

Step Out Guarantors: Griechenland, Irland, Portugal

* Näherungswert inklusive eingezahltem Kapital

Garantievolumina	eff.Kreditsumme*
780.000.000.000	473.000.000.000
691.233.036.000	576.000.000.000

Beispiel eines Primärmarkteingriffes der EFSF(nach EFSF, eigene Bearbeitung):

Expected Size (€ mill)	1,000
max part EFSF	50%
RFR (ref.funding rate)	5.50%
Sec.Market Level	5.60%
= allocation A	
= allocation B	

Price	Bids per price (€ mill)	Total Bids (€ mill)	Weighted avge. Price	Max participation EFSF (€ mill)	Final Funding Vol. (€ mill)	Final avge. Funding Cost
A	B	C	D	E	F	G
non comp.bids	100	100				
5.10	10	110	5.10	110	220	5.30
5.20	10	120	5.15	120	240	5.33
5.30	10	130	5.20	130	260	5.35
5.40	70	200	5.34	200	400	5.42
5.50	50	250	5.39	250	500	5.45
5.60	30	280	5.43	280	560	**5.46**
5.70	80	360	5.51	360	720	5.51
5.80	180	540	5.63	460	1000	**5.57**
6.00	30	570	5.65	430	1000	5.59
6.50	110	680	5.81	320	1000	5.71
7.00	10	690	5.83	310	1000	5.73
8.00	50	740	6.00	260	1000	5.87
10.00	30	770	6.18	230	1000	6.03

Hier wird der Prozess eines illustrativen EFSF Primärmarkteingriffes dargestellt. Qualitative und quantitative Merkmale sind in Spalte A und B abgebildet. In diesem Beispiel wurden Kaufangebote im Wert von € 770 Mill. abgegeben, wobei € 100 Mill. sich auf einem preislich nicht nachhaltigem Niveau befinden. Anschließend wird ein nach den Werten in Spalte C gewichteter Preis berechnet, der in Spalte D ausgewiesen wird. Diese Werte wären die möglichen Kaufpreise für die Primärmarktkäufe durch die EFSF. Spalte G zeigt schließlich die durchschnittlichen Preise inkl. Kosten, die dem Mitgliedsland und der EFSF als Basis des Kaufprozesses dienen sollten.

Dies führt schlussendlich zu zwei möglichen Allokationen (grün und blau markiert).

Schätzgleichung nach Alper et al. (Internationaler Währungsfonds): „Global vs. fundamental Determinants of CDS Spreads":

$$\triangle CDS\_spread_{it} = \alpha \triangle E_t fiscal_{i,t} + \triangle X'_{it}\beta + \rho \triangle CDS\_spread_{it-1} + \mu_{it}$$

Die abhängige Variable ist die Änderung des CDS Spreads vom Monat t-1 zum Monat t; $\triangle E$ fiscal beschreibt die Änderung in des Wertes der erwarteten Fiskalvariablen (i.d.S. Bruttobudgetdefizit und Finanzierungssaldo); X ist ein Vektor anderer Kontrollvariablen wie erwartetem Wirtschaftswachstum, kurzfristigen Zinssätzen, VIX Index und erwartetem Weltwachstum; μ ist ein klassischer Fehlerterm.

Die Gleichung enthält eine Konstante, Zeit - Dummies und eine zeitverzögerte abhängige Variable um mögliches Overshooting auszuschließen. Die Tabelle zeigt die kumulativen Erklärungswerte (R^2) für die Variation der CDS Spreads:

	CDS
Fiscal Sustainability	11.7
Financial Variables	23.1
Global Growth	27.6
Global Risk Aversion	34.8
Time Dummies	36.2

Source: IMF staff estimates.

Ratingverlauf ausgewählter Krisenländer (Deutsche Bundesbank):

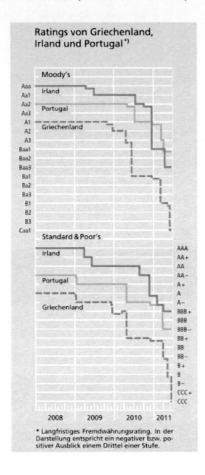

Deskriptive Statistik zu angeführter Abbildung nach Dieckmann (2012):

country	mean	median	stdev
Germany	271.35	276.60	47.28
Netherlands	299.30	306.10	42.72
Finland	300.25	307.20	39.65
France	320.76	331.70	32.99
Austria	326.12	335.00	35.72
Belgium	385.07	393.00	48.30
Slovakia	452.69	454.37	44.90
Slovenia	468.50	438.64	92.33
Italy	469.65	463.80	85.58
Spain	486.04	507.80	71.09
Ireland	758.12	793.90	247.81
Portugal	773.46	683.20	288.88
Greece	1390.27	1170.30	701.74

Die Tabelle zeigt die statistischen Beschreibungen der herangezogenen Refinanzierungswerte auf Tagesbasis in Euro Denomination (Basispunkte). Die Zeitreihe beinhaltet 521 Beobachtungen und wurde zwischen 1.1.2010 und 30.12.2011 aufgezeichnet.

Die Auswirkungen des SMP der Europäischen Zentralbank können durch die abgebildeten kombinierten Graphiken veranschaulicht werden (Reuters; Data: Datastream, EZB):

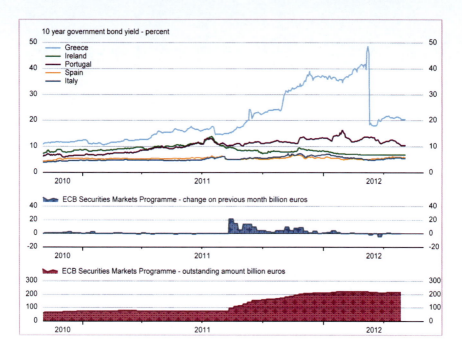

Ergebnistabelle der Eventstudie nach Dieckmann im Bezug auf die Refinanzierungssätze der EWU:

Panel A

country	event 0	event [-1,0]	event [-1,1]
Germany	3.983	5.888	4.144
Netherlands	3.348	4.534	3.084
Finland	3.043	4.181	2.554
Austria	2.462	3.427	2.246
France	2.195	2.443	1.709
Slovakia	0.542	2.824	2.283
Belgium	-0.109	-0.521	1.778
Slovenia	-1.419	-1.029	-2.585
Italy	-3.151	-4.472	-3.137
Spain	-4.441	-5.043	-1.333
Ireland	-12.802	-16.447	-19.046
Portugal	-16.866	-25.707	-33.339
Greece	-72.213	-63.516	-89.718
average	-7.341	-7.188	-10.105

Panel B

	event 0	event [-1,0]	event [-1,1]
only positive	2.596	3.883	2.543
	3.589	4.268	2.402
only negative	-15.857	-16.676	-24.859
	-2.372	-2.275	-2.730
control variables	no	no	no
t-test difference	2.744	2.783	2.989
only positive	0.667	2.443	1.648
	1.217	3.234	1.698
only negative	-13.315	-14.006	-22.411
	-2.281	-2.122	-2.693
control variables	yes	yes	yes
t-test difference	2.385	2.476	2.872

Die Tabelle zeigt die identifizierten Abweichungen in Basispunkten.
Panel A weist die Werte länderweise aus. Event 0 zeigt die Änderung am Event Tag, Event [-1,0] beinhaltet zusätzlich den vorangegangenen Tag usw.
Panel B zeigt die gepoolten Ergebnisse (positive – negative Effekte bzw. mit und ohne Kontrollvariable).